Ergodesign e arquitetura de informação

Luiz Agner

Ergodesign e arquitetura de informação

TRABALHANDO COM O USUÁRIO

5ª EDIÇÃO REVISTA E AMPLIADA

Editora Senac Rio – Rio de Janeiro – 2022

Ergodesign e arquitetura de informação: trabalhando com o usuário © Luiz Carlos Agner Caldas, 2006.

Direitos desta edição reservados ao Serviço Nacional de Aprendizagem Comercial – Administração Regional do Rio de Janeiro.

Vedada, nos termos da lei, a reprodução total ou parcial deste livro.

SENAC RJ

Presidente do Conselho Regional
Antonio Florencio de Queiroz Junior

Diretor Regional
Sergio Arthur Ribeiro da Silva

Diretor de Operações Compartilhadas
Pedro Paulo Vieira de Mello Teixeira

Diretor de Educação Profissional Interino
Claudio Tangari

Editora Senac Rio
Rua Pompeu Loureiro, 45/11º andar
Copacabana – Rio de Janeiro
CEP: 22061-000 – RJ
comercial.editora@rj.senac.br
editora@rj.senac.br
www.rj.senac.br/editora

Editora: Daniele Paraiso
Produção editorial: Cláudia Amorim (coordenação), Manuela Soares (prospecção), Andréa Regina Almeida, Gypsi Canetti e Michele Paiva (copidesque e revisão de textos), Priscila Barboza, Roberta Santos e Vinicius Silva (design)
Projeto gráfico: Aline Haluch | Studio Creamcrackers Design
Ilustrações: Luiz Agner

5ª edição revista e ampliada: novembro de 2022
Impressão: Imos Gráfica e Editora Ltda.

CIP-BRASIL. CATALOGAÇÃO-NA-FONTE
SINDICATO NACIONAL DOS EDITORES DE LIVROS, RJ

A216e
5. ed.

    Agner, Luiz
        Ergodesign e arquitetura de informação : trabalhando com o usuário / Luiz Agner. – 5. ed., rev. e ampl. - Rio de Janeiro : Ed. SENAC Rio, 2022
        256 p. ; 23 cm.

        ISBN 978-65-86493-91-7

        1. Sistemas de recuperação da informação - Arquitetura. 2. Sites da Web - Projetos. I. Título.

22-81336   CDD: 005.72
                                CDU:004.72

Gabriela Faray Ferreira Lopes - Bibliotecária - CRB-7/6643

Para Julia e Theo,
para a família toda

*"Aprenda as regras como um profissional,
e você poderá quebrá-las como um artista."*

– Pablo Picasso

*"Em nenhum campo é possível ser original,
a não ser baseado na tradição."*

– Donald Winnicott

Psicanalista inglês, falecido em janeiro de 1971, aos 75 anos,
conhecido por suas teorias sobre o Self.

Prefácio à 5ª edição, por *Bruno Rodrigues*   11

Prefácio à 1ª edição, por *Peter Morville*   13

Apresentação à 1ª edição, por *Anamaria de Moraes*   15

Introdução   17

1. Colocando os pingos nos "is"   23
2. Anatomia das interações gestuais   33
3. Afinal, o que é informação?   37
4. Navegação: nove apóstolos e uma astronauta   41
5. Nove regras que valem ouro   55
6. As dez heurísticas da usabilidade   63
7. Diálogo on-line entre usuários e organizações   71
8. Era uma vez uma bolha...   77
9. Quinze lições de design de interfaces   83
10. A pirâmide da usabilidade   97
11. Arquitetura de informação e a crise contemporânea   101
12. Arquitetura de informação: que diabo é isso?   105
13. Arquitetura de informação: um campo interdisciplinar   109
14. Os componentes da arquitetura de informação   113
15. Esquemas e estruturas na arquitetura de informação   121
16. O desafio da pesquisa   125
17. Testando a usabilidade do seu produto ou serviço   131

sumário

18. Analisando tarefas e testando interfaces   137

19. Classificando cartões com card sorting   145

20. A etnografia que inspira a UX   153

21. Arquitetura de informação: uma arte em evolução   161

22. Arquitetura de informação pervasiva   165

23. Heurísticas da arquitetura de informação pervasiva   169

24. Por dentro da inteligência artificial   171

25. Sistemas de recomendação e paradoxo da escolha   175

26. Interação humano-algoritmo e UX   179

27. Interfaces: por que as empresas fracassam?   183

28. Muito ágeis em excluir o usuário   187

29. Usuário: alguém conhece esse cara?   191

30. UX design é um processo político   195

31. UX e arquitetura de informação como fatores de mudança organizacional   199

32. Quando a empresa não quer saber do usuário   203

33. Governo eletrônico e transparência do Estado   207

34. Arquitetura de informação e UX: por uma visão crítica   211

35. Casos para estudo   215

36. Referências   241

prefácio à 5ª edição

Percorrer uma trajetória profissional é como subir uma escadaria. Fácil é perceber que há degraus adiante e só depende de nosso esforço galgá-los. Difícil é ter noção de que é preciso, também, olhar para trás, para quem veio antes.

Conheci Agner quando a web estava na esquina, no raiar dos anos 1990. Ou seja, antes do digital, dos sites, das redes sociais, dos aplicativos, do aprendizado de máquina, dos assistentes de voz – de tudo o que vivemos há três décadas.

Na época, era possível sentir a mudança no ar, sabíamos que o que estava prestes a acontecer seria uma revolução na comunicação social. Mas o que viria ainda era um mistério, tínhamos apenas uma certeza: fosse o que fosse, essa mudança chegava depois dos jornais, das revistas, da publicidade, do cinema, do rádio e da televisão – de tudo o que o mundo já vivia há um século. O que não era pouco.

Por formação, Agner tinha exata noção de contexto. Profissional tarimbado, que há anos circulava entre os diversos ramos da comunicação, seu trabalho era pautado, desde o início, em observar os mestres, aprender com eles e, só então, inovar. Já àquela altura, era íntimo da dinâmica da escadaria.

Não à toa, ao adentrar o mundo do design digital e deparar-se com as inúmeras possibilidades do on-line, Agner sabia que era essencial aplicar, ao longo do caminho, os ensinamentos dos que tinham vindo antes. Exatamente como faria ao começar a lidar, entre outros assuntos, com a arquitetura da informação.

Mais uma vez, Agner estava ciente de que, para seguir com propriedade, seria preciso olhar para o que havia sido estudado antes sobre o tema. Não fosse o profissional que é, seria bem simples para Agner basear-se somente em sua experiência e intuição.

Não é um acaso que Luiz Agner tenha se tornado uma das maiores referências brasileiras em usabilidade e arquitetura da informação. Sua capacidade de observação e escuta, humildade e senso de contexto – um dos pilares da área da qual virou referência, inclusive – são a prova de que é impossível alcançar sucesso na profissão sem a capacidade de olhar para o lado, adiante e, em especial, para trás.

A cada livro que escrevo e curso que ministro, recomendo a obra de Agner. Ela é – e continuará sendo, com esta nova edição de *Ergodesign e arquitetura da informação* – um dos pilares da comunicação digital no Brasil.

Como para tantos, e há anos, Agner é meu mestre. Da mesma forma que fez com os que o inspiraram e o tornaram um profissional único, temos o privilégio de ouvir seus ensinamentos, aplicá-los e, junto com ele, continuar inovando.

Porque a escadaria é longa e promissora, e ainda há muitos degraus pela frente.

– Bruno Rodrigues
Professor e consultor, especialista em inovação na escrita digital e autor de cinco obras sobre o tema, entre elas *UX Writing: Principios y Estrategias* (Espanha, Ed. Ra-ma, 2020) e *Em busca de boas práticas de X Writing* (Brasil, Amazon.com).

prefácio à 1ª edição

Arquiteto de informação, é como eu me apresento. Organizo sites na internet para usuários encontrarem o que procuram. Essa simples explicação parece funcionar. A metáfora implícita evoca uma visão de plantas (*blueprints*) e estruturas, criando assim uma ponte entre a experiência física e a digital. E, como usuários, todos sabemos o quanto é fácil se perder em um grande website. Todos conhecemos o valor da *findability*.*

Decididamente, a prática da arquitetura de informação está longe de ser uma coisa simples. O design de sistemas de busca e navegação que considerem tanto as necessidades do usuário quanto os objetivos das empresas pode ser deveras complexo.

Como construir taxonomias para conteúdos crescentes? Como lidar com pessoas que usam palavras-chave erradas? Como criar um equilíbrio entre usabilidade e estética? Essas são perguntas simples sem respostas universais. Cada site apresenta o próprio desafio.

Ao longo da minha carreira, tive o privilégio de trabalhar em alguns dos sites mais desafiadores e de falar com arquitetos de informação muito experientes em diversos países.

Há pouco tempo, visitei o Brasil. E foi no Rio de Janeiro e em São Paulo que encontrei alguns dos mais inteligentes e mais apaixonados arquitetos de informação que já conheci. Existem poucos, o que é um problema sério. Como pode um grupo de pessoas resolver a rápida expansão das necessidades de uma população de massas? A resposta é simples: eles não conseguirão. O Brasil precisa de mais arquitetos de informação e, assim,

---

* Termo utilizado por Peter Morville, que significa "encontrabilidade" ou a facilidade com que uma informação pode ser encontrada.

de mais designers, de mais profissionais de comunicação e marketing, que compreendam os principais conceitos e as melhores práticas da arquitetura de informação.

A educação é a chave para o sucesso. Somente compartilhando nosso conhecimento podemos ter a esperança de superar a disciplina e de construir uma comunidade. Este notável livro de Luiz Agner é um grande meio de se começar. Compre-o, leia-o, compartilhe-o. Essa é a melhor maneira de se tornar um arquiteto de informação.

– Peter Morville
Autor de *Intertwingled, Ambient Findability* e
coautor de Information Architecture for the Web and Beyond

apresentação à 1ª edição

Se, como diz o autor Luiz Agner, a crise atual é mesmo "de como transformar informação em conhecimento", ele começou a combater a crise ao optar por produzir um livro de forma bem-humorada e compreensível para todos.

Resultado de pesquisas no meio acadêmico, o livro apresenta uma extraordinária compreensão dos conceitos relacionados à arquitetura de informação.

É fato que muitos ouvem e falam sobre o tema, mas parece faltar conhecimento, inclusive porque o campo da arquitetura de informação ainda se encontra em seus primeiros estágios de definição.

Quatro pontos merecem destaque: o papel do usuário para a qualidade das interfaces, o desafio da pesquisa, os testes de usabilidade e a questão organizacional.

Quanto ao papel do usuário, Agner sugere que o ideal seria dar voz às necessidades informacionais (e às tarefas) dos usuários durante todo o processo de design e desenvolvimento. Seria trazer o usuário para a equipe, a fim de participar da tomada de decisão e interagir com as interfaces em desenvolvimento.

Com base em autores conceituados, ele declara que o desenho (ou redesenho) de sistemas complexos deve ser precedido de pesquisa para originar um sólido planejamento estratégico de arquitetura de informação.

Quando surgem problemas, a arquitetura de informação lança mão de uma de suas principais técnicas, tomada emprestada da ergonomia – os testes de usabilidade, que o autor considera imprescindíveis.

Ao abordar a questão organizacional, Agner apresenta o design como processo político, a usabilidade como fator de mudança e saúda a chegada do governo eletrônico como promotor de maior transparência do Estado. Embora entenda que mais informações deveriam representar mais oportunidades para a compreensão do mundo, admite que isso não acontece facilmente. Com base em Shneiderman, ele afirma ser natural que técnicas (como a introdução da usabilidade nas empresas), assim como o novo papel dos desenvolvedores e designers de produtos de tecnologia da informação causem uma série de problemas. A mudança organizacional é difícil mesmo.

O melhor é que Agner trata todos esses temas complexos, novos e controversos com uma linguagem superacessível e sem complicações desnecessárias.

Ergodesign e arquitetura de informação: trabalhando com o usuário é leitura recomendada nos cursos de usabilidade de interfaces do Laboratório de Ergodesign e Usabilidade de Interfaces (Leui) em Sistemas Humano--Tecnologia da PUC-Rio.

– Anamaria de Moraes
Fundadora do Leui (PUC-Rio) e coautora de *Ergodesign para trabalhos com terminais informatizados,* e de *Avaliação e projeto no design de interfaces*

introdução

Esta é a quinta edição – revista e atualizada – deste livro, mais uma vez com a chancela da prestigiosa Editora Senac Rio. Na velocidade que as coisas acontecem quando falamos de design, comunicação digital ou tecnologia da informação, seria o caso de uma nova edição revisada a cada três horas. A receptividade das primeiras edições foi muito boa e até ultrapassou seu público-alvo inicial, talvez como resultado do prefácio gentilmente escrito por Peter Morville, o guru da arquitetura de informação (e coautor do famoso "livro do urso polar").

A 1ª edição de *Ergodesign e arquitetura de informação: trabalhando com o usuário* cumpriu a função de apresentar uma série de conceitos e ideias novas para os alunos de design. Eu e meus amigos do Leui da PUC-Rio estávamos começando a desbravar as emergentes noções de usabilidade, interação humano-computador (IHC), projeto centrado no usuário e design de interação. Esse laboratório foi criado sob a liderança da saudosa professora Anamaria de Moraes, junto com Claudia Mont'Alvão, e tem o objetivo de estudar todos esses novos temas segundo o ponto de vista dos fatores humanos.

A ideia original do livro era explicar esses conceitos de um jeito bem-humorado e descomplicado, para evitar a verborragia típica e aquele blá-blá-blá chato dos acadêmicos. Queria contribuir para que os estudantes pudessem compreender melhor e verificar que as metodologias do ergodesign não limitariam a criatividade nem a genialidade de ninguém. Muito pelo contrário, tais visões são instigantes e desafiadoras. E o desafio é criar uma interface não só visualmente atraente mas que seja a melhor experiência de uso para as pessoas, e então engajá-las na interação!

Muita coisa mudou (e rápido!) no cenário da comunicação digital. O que antes eram noções incipientes, de natureza acadêmica (que precisavam ser entendidas e explicadas), deu origem a uma cultura e práticas profissionais que cresceram e se tornaram um corpo consolidado de conhecimentos. Muitas vertentes e abordagens surgiram para o design de interfaces.

Estamos falando da arquitetura de informação pervasiva, do UX design, das interfaces de voz e gestuais, da transmídia, da mobilidade, da ubiquidade, do aprendizado de máquina, dos sistemas de recomendação, da cultura da conexão, do design thinking, de serviços... Esses novos conceitos se desenvolveram de sua aplicação a produtos e serviços bem-sucedidos no mercado internacional (e em nosso país também).

O que antes era apenas uma pequena comunidade de interessados e pesquisadores acadêmicos expandiu-se por todo o Brasil, tornando-se de fato uma profissão solicitada em anúncios de vagas de empregos em jornais, no LinkedIn ou em editais de concursos.

Segundo o IBGE (Instituto Brasileiro de Geografia e Estatística), em nosso país, os lares com acesso à rede mundial subiram para 90% do total.* O mercado de trabalho na área está crescendo na mesma medida da inclusão de brasileiros na economia conectada. Hoje, incontáveis agências de publicidade digitais (de todos os tamanhos) nos principais mercados, como Rio de Janeiro, São Paulo, Belo Horizonte e Porto Alegre, buscam incorporar em suas equipes os chamados UX designers. Há produtoras e grandes portais, como a Globo.com, que realizam pesquisas em UX e testes de usabilidade para parceiros internos e clientes externos. Outras instituições voltam-se para a pesquisa tecnológica ou para a inovação, preocupadas com a experiência do usuário. São exemplos o Centro de Estudos e Sistemas Avançados do Recife (Cesar), a consultoria Try, a Samsung, o Instituto de Desenvolvimento Tecnológico (INDT) – ex-Instituto Nokia –, a IBM, entre outras. Isso sem falar em empresas e consultorias muito atuantes como a B2W Digital, a ThoughtWorks, a Livework, a Insitum, a Concrete e a Fjord (Accenture), que mantêm sempre a pegada de UX design voltado para a inteligência de mercado.

* Dados da Pesquisa Nacional por Amostra de Domicílios (PNAD) Contínua, 2021.

Vem crescendo muito o interesse pelo design de interação e UX nas universidades brasileiras, como exemplos a Pontifícia Universidade Católica do Paraná (PUCPR), a Universidade Federal de Santa Catarina (UFSC), a Universidade Federal de Pernambuco (UFPE), a Universidade de Campinas (Unicamp), a Universidade Federal do Rio Grande do Sul (UFRGS), a Universidade Federal de Minas Gerais (UFMG), a Universidade Tecnológica Federal do Paraná (UTFPR), a Universidade Federal do Rio Grande do Norte (UFRN) e a Universidade Positivo, ou em institutos de ensino privado. A pesquisa em arquitetura de informação é forte na Universidade de Brasília (UnB). Diversas pós-graduações *lato sensu* têm se consolidado na área, sem contar aquelas que, apesar de concentradas em ciência da computação, dedicam disciplinas inteiras à UX e à arquitetura de informação. São múltiplas as linhas de pesquisa; a lista é grande.

Haja vista que o mercado para UX se expandiu bastante, podemos participar de diversas maneiras: como consultor, como contratado, como terceirizado, como professor, como pessoa jurídica, como estagiário ou até (pasmem!) como servidor público. Isso sem falar no teletrabalho, que se tornou um padrão depois da pandemia de covid-19. Por outro lado, as startups brasileiras vivem o seu momento de glória e ganharam da Google o seu Campus São Paulo – o elegante espaço de coworking e de aprendizados, onde podem contar com diversos eventos que oferecem mentoria de UX e usabilidade. Nessa linha há também o Cubo, do Itaú.

A informação em português sobre o tema está muito disseminada: podemos citar o UX Collective, fundado pelo publicitário Fabrício Teixeira; o clássico Usabilidoido, de Frederick Amstel; o podcast Movimento UX, capitaneado pela designer Izabela de Fátima; o canal XLab no Youtube, de Andrei Gurgel; o canal Bom Dia UX, de Rodrigo Lemes e Rafael Burity, entre inúmeras fontes de referência, grupos e comunidades no Instagram e no Facebook (há um grupo IxDA para as maiores capitais brasileiras), no Telegram e no WhatsApp, congressos e simpósios já tradicionais como o Interaction Latin America (ILA) ou o Ergodesign & USIHC (Congresso Internacional de Ergonomia e Usabilidade de Interfaces Humano-Computador). Em algumas capitais, os UX designers se reúnem em encontros informais frequentes para ler as publicações recém-lançadas: os UX Book Clubs.

Há também cursos profissionais como os do Senac, os da Mergo (Edu Agni), ou Product Arena (comandado por Horacio Soares), e diversos encontros que unem a comunidade de UX ao mercado, como o UXConf BR, entre outros.

Os conceitos do ergodesign* de interfaces com que trabalhamos evoluíram, ou tiveram seu sentido expandido, ou ressignificado, adaptando-se aos novos tempos. Já não pensamos simplesmente em produzir "entregáveis" (wireframes, taxonomias ou sitemaps) para construir uma arquitetura de informação. Sabemos que ela agora é pervasiva e que deve ser consistente para toda uma complexa ecologia digital – composta de aplicativos, dispositivos móveis e ubíquos (Figura I.1), websites, vestíveis, além de outros pontos de contato do cliente com as marcas e organizações. A experiência do usuário hoje precisa ser abordada sob o ponto de vista holístico, agregando conhecimentos cada vez mais interdisciplinares.

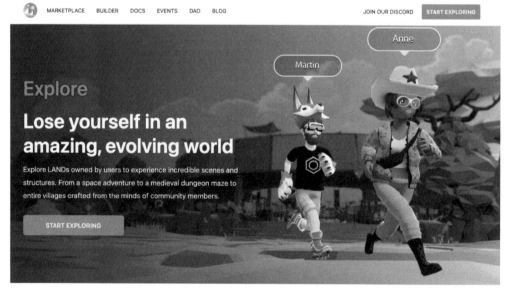

Figura I.1. *O metaverso Decentraland é apenas um exemplo das novas realidades propostas pela conexão ubíqua.*

---

* Manuela Quaresma, professora da PUC-Rio, explica que o ergodesign é um conceito que pretende fazer a ponte entre a ergonomia e o design, de modo interdisciplinar e iterativo (palavra que significa algo que é repetido, reiterado inúmeras vezes, no caso referente ao ciclo de desenvolvimento). O ergodesign possibilita a conversão direta dos dados e conclusões da pesquisa ergonômica ao processo projetual do design. Manuela acredita que esse conceito já seja aplicado quando se fala em experiência do usuário (UX), projeto centrado no usuário, e cita como exemplo as marcas Apple e Globo.com.

Vivemos a era da "economia da experiência". Quem disse isso foram os conceituados estudiosos Pine II e Gilmore. No mercado, o valor econômico das trocas progrediu de uma era de simples extração de commodities. Depois superou a era da fabricação de bens ou produtos industriais, avançou para além da entrega de serviços e alcançou a etapa da experiência. O consumidor foi convidado a interagir e a vivenciar sensações relevantes e memoráveis para a sua vida. É nessa nova economia, atualmente conectada, que o design da experiência do usuário (UX design) vai desempenhar papel central.

Experimentamos a ecologia das mídias, com a presença crescente da internet das coisas (que passou a rastrear em seus sensores e utensílios as nossas ações e atividades, tornando disponível um gigantesco conjunto de dados sobre nossas navegações, buscas, interesses e interações). É o *big data* que chegou para o bem ou para o mal. Antes simples cidadãos e consumidores de informação, hoje também a produzimos, editamos, compartilhamos e avaliamos – com a Web 2.0 nos tornamos *prosumers*, para usar o famoso neologismo proposto pelo escritor norte-americano Alvin Toffler.

Experiências, internet das coisas, ecologia das mídias, Web 3.0, transmídia, era da mobilidade, da conexão, das realidades virtuais e aumentadas, das interfaces naturais e da computação vestível... Ciente dessas perspectivas, incumbi-me da tarefa de atualizar os conceitos básicos de que trata este livro.

As ideias que embasam o ergodesign, UX e arquitetura de informação continuam a ser fortes e válidas, mas precisam ser redefinidas com um pouco mais de aprofundamento. E é isso o que eu farei logo do primeiro capítulo em diante. Os próximos textos do livro foram revistos e atualizados e novos capítulos, inseridos. Incluí estudos de caso para ilustrar um pouco o universo atual dos projetos de UX no Brasil, mas me preocupando em evitar que o livro pesasse na sua mochila. Enfim, quero que você o leve para a escola, faculdade, que o leia no ônibus.

Ergodesign e arquitetura de informação: trabalhando com o usuário foi escrito para você, estudante de design, publicidade e propaganda, informática, jornalismo, relações públicas, biblioteconomia, marketing, administração...

Tenha uma ótima experiência!

capítulo 1

Colocando os pingos nos "is"

Precisamos esclarecer alguns pontos básicos.
Como alguns notaram, eu inseri a sigla UX.
Por que isso?

Como se sabe, UX é a sigla para *user experience* ou, em português, experiência do usuário. É a expressão que se tornou o conceito "guarda-chuva" para englobar todas as atividades próximas ou relacionadas com o projeto de interfaces com o usuário, as interações homem-máquina e suas diversas implicações. A ideia é simples.

O designer Fabricio Teixeira lembra, em seu blog, que a experiência do usuário existe desde que o mundo é mundo. As pessoas sempre usaram ferramentas para realizar suas tarefas. Só depois é que esses objetos foram se sofisticando e surgiram as ferramentas digitais, como websites, aplicativos de celular, caixas eletrônicos, quiosques interativos, tablets, TVs digitais, videogames, assistentes de voz, entre outras.

Mas fique ligado: segundo Treder, o UX design não significa simplesmente projetar uma maçaneta fácil de usar para que o usuário consiga abrir a porta de modo confortável e eficiente. O UX design significa encorajar sempre as pessoas a abrirem cada vez mais portas... E terem uma experiência relevante, prazerosa, significativa e única, proporcionada pelas diversas portas abertas.

O UX design está preocupado com esse todo. Busca algo que faça diferença na vida das pessoas, busca fazer com que elas se engajem. O UX design se encontra no cruzamento da arte com a ciência, demanda raciocínio analítico, assim como muita criatividade. É o oxigênio que as startups inovadoras e de sucesso respiram!

Segundo a ISO (a famosa organização internacional para padrões e normas), a experiência do usuário inclui emoções, crenças, preferências, percepções, respostas físicas e psicológicas, comportamentos e todas as realizações que ocorrem antes, durante e depois do uso de um produto.

A ideia de experiência do usuário foi sintetizada no esquema gráfico criado pelo designer Dan Saffer, autor do livro *Designing gestural interfaces*. A Figura 1.1 mostra como as disciplinas de arquitetura de informação, ergonomia (human factors) e design industrial contribuem em conjunto com outras para a UX.

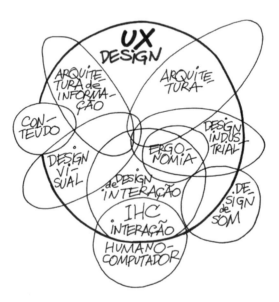

Figura 1.1. *O círculo do UX design de acordo com Dan Saffer.*

Gosto muito da metáfora da árvore, proposta pela *Cloudforest Design* (Figura 1.2). Como vantagem, essa metáfora apresenta as raízes disciplinares da UX e revela os seus diversos desdobramentos e ramificações técnico-profissionais.

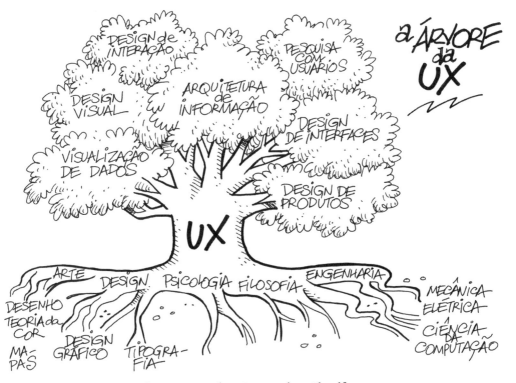

Figura 1.2. *A árvore da UX segundo a Cloudforest.*

Christian Rohrer fala que a UX só existe quando o produto (ou serviço) tem "utilidade", isto é, quando é relevante, quando vai ao encontro de nossas necessidades. Ele avança nesse caminho, mostrando que em seguida nos deparamos com a camada da "usabilidade". Precisamos ser capazes de usar o produto ou serviço com bastante facilidade para atingir nossos objetivos. Mas isso tudo não será o bastante se o produto ou serviço não for "atraente". Ou seja, você quer consumir ou interagir porque lhe será prazeroso, você gosta do jeitão dele. Além disso, o seu sentimento sobre a marca ou empresa também é positivo.

Quer dizer, a experiência do usuário (UX) é a proposta que adiciona à usabilidade outros critérios importantes como emoção, credibilidade da marca, desejo, estética, performance e segurança (Figura 1.3). Assim, vai agregar à experiência a imagem da marca, a percepção de valor, a política de preços da empresa e a sua comunicação (campanhas publicitárias, boca a boca, viralização).

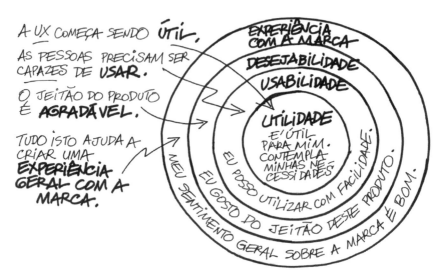

Figura 1.3. *Adaptação da visão de Chris Rohrer para a experiência do usuário (UX).*

Isso nos leva a crer que a simples ideia de usabilidade não é mais suficiente para garantir a completa experiência do usuário. Precisamos pensar: as pessoas querem ou não utilizar o produto ou serviço? Este evoca respostas emocionais positivas para o usuário ou cliente? Está de acordo com os atributos estratégicos e os valores da marca?

A arquiteta de informação Christina Wodtke nos apresenta também o seu modelo visual do que é a UX. Podemos observar pela Figura 1.4 que a UX está situada entre os vértices da desejabilidade, da técnica e da viabilidade do negócio no mercado. Nota-se na figura a importância de uma interseção dos conceitos de design de interfaces, arquitetura de informação e design de interação. Os dois últimos, segundo Ariel Teixeira, fazem parte da busca por compreender a natureza complexa das necessidades dos usuários e seus comportamentos.

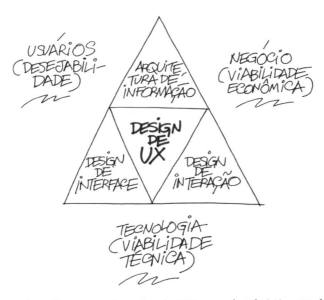

Figura 1.4. *Natureza triangular da UX segundo Christina Wodtke.*

Dan Willis desenhou um guarda-chuva para representar todas as dimensões do UX design (Figura 1.5). Elas devem contribuir de modo integrado para solucionar os problemas do projeto de uma experiência única e articulada.

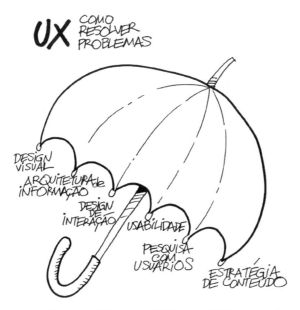

Figura 1.5. *Metáfora visual de Dan Willis para UX (adaptada pelo autor).*

O que se tem certeza absoluta é de que hoje um bom hardware, um bom software e uma boa usabilidade estão se tornando simples commodities, ou seja, quase qualquer empresa é capaz de oferecê-los. Nós, profissionais de UX, devemos ir além. O diferencial cada vez mais é projetar para a persuasão, para a emoção e para a credibilidade. O projeto que visa ao engajamento é tão importante quanto a usabilidade.

Ao realizar uma entrevista por Skype com Fred Amstel, o curador do famoso blog Usabilidoido, especialmente para este livro, fiquei sabendo de sua preferência pelo emprego do termo "design de experiência", assim mesmo sem as letras UX. Ou seja, para ele, agora seria melhor retirar a referência a "usuários". Calma, isso tem uma razão de ser! É que o usuário hoje não é um mero usuário... ele é um produtor (um "prossumidor"), não se limita a consumir o conteúdo multimídia produzido por marcas e empresas. Já tem gente que o chama de cocriador!

Fred explica que a UX é a área do design que vem se consubstanciando conforme se aproximou do marketing, e encabeça a visão de que as marcas devem propor experiências marcantes aos seus clientes. Aliás, o psicólogo cognitivo Don Norman foi quem primeiro definiu o termo UX como algo que deve ir muito além da usabilidade. E não foi à toa que dois economistas escreveram o livro pioneiro de UX baseando-se em uma visão de marketing. Quem são eles?

Para Pine e Gilmore, na medida em que tanto os serviços quanto os bens e produtos estão ficando mais e mais "comoditizados" (isto é, tornam-se comuns e têm seu valor padronizado por baixo), os consumidores vêm desejando ter mais acesso a verdadeiras experiências (Figura 1.6).

Figura 1.6. *Os quatro estágios da progressão do valor na economia da experiência, na visão de Pine e Gilmore.*

A experiência de verdade ocorre quando a marca usa de maneira intencional um serviço como um "palco" e seus produtos como "adereços" para engajar os clientes em um evento memorável. As commodities são itens substituíveis, os produtos são tangíveis e os serviços, intangíveis. Mas a experiência deve ser inesquecível!

A experiência do usuário na recarga de telefones celulares

Este estudo é um ótimo exemplo que envolveu mais do que a simples usabilidade de interfaces e buscou compreender a totalidade da experiência do usuário. O mapa da jornada do cliente foi criado por minha ex-aluna Natália Brazil. Ela trabalhou como designer de interfaces para o portal de uma grande operadora de telefonia móvel e fez uma excelente pesquisa. Mapeou os diversos aspectos e problemas que envolvem cada passo da tarefa de recarregar os créditos de um telefone celular pré-pago, a modalidade de plano de acesso móvel predominante em nosso país.

Este mapa da jornada do usuário foi desenhado com base em dados de entrevistas e avaliações cooperativas que Natália fez. Ela quis demonstrar o processo de recarga e os principais pontos de frustração e satisfação dos consumidores (Figura 1.7).

Antes da recarga, existem algumas questões que vão influenciar na tomada de decisão do usuário. Caso ele não tenha acesso a uma rede wi-fi e esteja sem créditos no celular, é bem provável que faça uma recarga off-line em uma banca de jornal ou lotérica, por exemplo. Se tiver acesso à internet ele vai fazer uma recarga on-line pelo computador ou pelo celular.

Durante a recarga é possível notar que, no meio on-line, existem pontos que demandam melhorias no processo pelo computador. Por exemplo, ele solicita confirmação de senha pelo teclado virtual, deixando o processo lento. Há também um problema na localização do item Recarga. Além disso, o PC solicita a digitação do código de segurança iToken, o que acarreta muita confusão.

No meio off-line também existem questões como onde encontrar um ponto que faça recarga, pois há o esforço de deslocamento. Deve-se solicitar que o atendente faça a recarga, mas ele pode digitar o número errado sem querer. É requerido o pagamento em dinheiro vivo, e muitas vezes os usuários não carregam cédulas de papel-moeda.

Após a recarga, o procedimento é o mesmo para qualquer um dos meios: todos recebem uma mensagem de confirmação e podem, assim, utilizar os créditos.

Com base no seu estudo da experiência do usuário, Natália propôs à operadora significativas sugestões para melhoria geral do processo, considerando as diferentes modalidades e dispositivos.

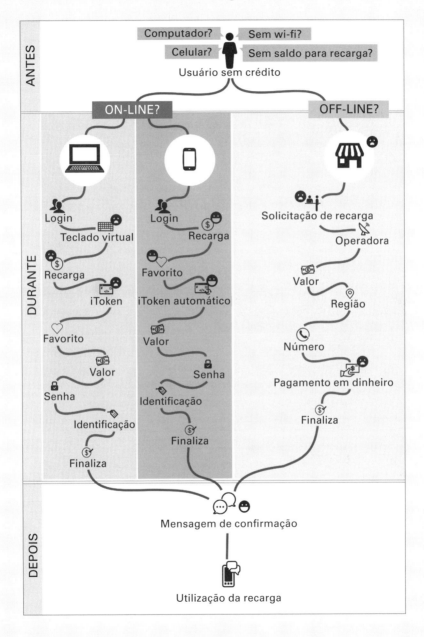

Figura 1.7. *Jornada do usuário no processo de recarga de créditos para celular (imagem gentilmente cedida por Natália Brazil).*

capítulo 2

Anatomia das interações gestuais

O mercado tem criado uma profusão de dispositivos com telas de toque, interação por gestos e conexão sem fio à internet.

Os gestos livres são um tópico da ciência da computação e da tecnologia da linguagem. Essas ciências têm se dedicado a interpretar a comunicação corporal humana com base em algoritmos matemáticos.

Muita grana tem sido investida no desenvolvimento de interfaces "naturais" que têm despertado grande interesse para a ficção científica, a exemplo dos filmes *Johnny mnemonic* (Figura 2.1), *Final fantasy*, *Minority report* e *Avengers*, entre outros.

Figura 2.1. *Keanu Reeves, em* Johnny mnemonic, *que antecipou no cinema o paradigma da interação gestual.*

As interfaces naturais podem ser operadas por gestos livres, ou gestos touch, por voz ou por rastreamento do olhar etc. Uma linguagem mais próxima do ser humano, que não seja o velho teclado e mouse.

Além do cinema, as interfaces gestuais têm sido um constante tema para pesquisas de acessibilidade direcionadas a pessoas especiais com tipos variados de necessidades. São alternativas para a interação baseada no modelo WIMP (windows, icons, mouse, pointer).

Mas, ao criar interfaces baseadas em gestos, o designer de interação precisa levar em conta as dicas da ergonomia. Veja quais são os princípios da ergonomia para as interações gestuais: manter músculos relaxados; utilizar posições neutras; evitar posições extremas, repetições, posições estáticas, forças internas ou externas que forcem as articulações. Além disso, os algoritmos de reconhecimento devem ser tolerantes a variações de formatos de mão e de postura.

O designer de interação Dan Saffer observou que os nossos dedos são um mecanismo de input imperfeito. Em virtude da baixa precisão dos dedos e das mãos, devemos evitar projetar gestos semelhantes para ações diferentes uma vez que o usuário pode disparar acidentalmente uma ação.

E tem mais: as mãos cobrem parte da tela do dispositivo *touch*, o que significa que os menus e controles devem ser dispostos na parte inferior da tela. Informações, instruções ou subcontroles não devem ser posicionados de modo que possam ser encobertos pelas mãos do usuário.

Algumas ações empregadas nas interações com mouse funcionam de maneira adequada para gestos, como os atos de selecionar, arrastar e soltar, como também rolar.

Seguem algumas exceções.

- cursores: em interfaces gestuais, o cursor costuma ser desnecessário;
- hover e mouse-over:* esses eventos em geral não são usados;
- duplo clique: esse evento é possível, desde que empregado com cuidado;
- clique com botão direito: a natureza de manipulação direta via interação gestual é incompatível com esse recurso.

---

* Textos explicativos ou efeitos visuais gerados quando o cursor se posiciona em cima de links, botões, logos etc.

Algumas outras exceções foram citadas por Saffer em *Designing gestural interfaces*. Além disso, ele listou também as seguintes características de um bom projeto para interface gestual:

- detectabilidade – refere-se às *affordances,*[*] conceito cunhado pelo psicólogo Gibson e popularizado por Don Norman;
- confiabilidade – a interface deve parecer segura;
- instantaneidade – fornecer uma resposta ao usuário em até 1oo milissegundos;
- adequação – precisa ser adequada ao contexto. Dependendo da cultura, há gestos que são insultuosos;
- significância – significado para as necessidades do usuário;
- inteligência – realizar com eficiência o trabalho que o ser humano não pode realizar tão bem;
- sutileza – predizer as necessidades do usuário;
- divertimento – provocar engajamento por meio do aspecto lúdico;
- estética – ser prazerosa aos sentidos;
- ética – não solicitar gestos que façam as pessoas parecer idiotas ou que só possam ser executados por jovens ou pessoas saudáveis.

O psicólogo cognitivo Don Norman é um grande crítico das interfaces com interação por gestos. Ele acha que os designers de interação gestual muitas vezes cometem erros ocasionados pela ignorância de princípios elementares e padrões consolidados. Ele e Jakob Nielsen concluíram que há princípios essenciais em um bom projeto de interação gestual. Eles funcionam como uma espécie de lista de regrinhas heurísticas, independentes de tecnologias específicas.

São eles: a visibilidade (*affordances* percebidas); o feedback; a consistência (os padrões); as operações não destrutivas (reversibilidade ou *undos*); a detectabilidade (a qualidade de as funções poderem ser descobertas com a exploração de menus); a escalabilidade (funcionar em todos os tamanhos de telas); e a confiabilidade (não aleatoriedade das operações).

---

* *Affordance* significa "o que você pode fazer com alguma coisa". Em uma tela sensível ao toque, affordance é uma área em que você pode interagir (tocando, deslizando o dedo, movendo em ziguezague ou fazendo qualquer outro gesto) para produzir um resultado.

Note que um método mais eficaz do que a simples determinação arbitrária de gestos pelo designer é contar com o conhecimento e a intuição daqueles que realmente vão utilizar essa interação por gestos. Pedir a colaboração de usuários em um processo de design participativo ajuda a revelar padrões intuitivos de associar os gestos às suas funcionalidades.

Ou seja, quando se trata de projetar interfaces gestuais, a pesquisa com os usuários também deve vir em primeiro lugar!

capítulo 3

Afinal, o que é informação?

*Se você pretende atuar com UX, arquitetura e
tecnologia, não deve tirar esses conceitos de vista.*

Se você trabalha com tecnologia da informação, precisa tentar compreender muito bem o próprio conceito de informação. Se buscarmos esse termo no dicionário, veremos uma enorme ambiguidade e um caso extremo de polissemia (muitos significados para a mesma palavra). Na verdade, não é fácil definir o que é informação.

Pense em artigos, livros, *cartoons*, base de dados, enciclopédias, arquivos, gestos, hologramas, imagens, jornais, leis, mapas, números, aplicativos, pinturas, tatuagens, sinais de trânsito, websites... Tudo pode ser informação! Nós utilizamos a informação, criamos informação. Mas não conseguimos definir muito bem o que está dentro ou fora desse conceito.

Aí temos de recorrer um pouquinho aos conceitos da ciência da informação. A informação pode ser vista como um fenômeno essencial (como é a vida na biologia, a justiça no direito e a energia na física); pode ser encarada como uma propriedade do próprio universo.

Só que a famosa cadeia de conceitos sobre dados, informação e conhecimento deve ser estudada, pois é impossível pensar em um desses conceitos sem compreender os outros. O pesquisador Shedroff explicou que a ideia da compreensão é o que define a continuidade que vai do dado à sabedoria, e divide nossos papéis entre produtores e consumidores da informação (Figura 3.1).

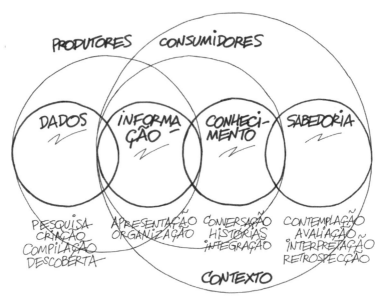

Figura 3.1. *A cadeia conceitual que nos leva do conceito de dados à sabedoria (com base em Shedroff).*

Os dados precisam ser trabalhados para que se tornem informação realmente significativa, depois conhecimento e, em seguida, sabedoria. É preciso perguntar quem é o usuário da informação, suas necessidades, habilidades, expectativas e interesses, e como alcançá-lo. Ao percorrer o caminho da compreensão, vamos encontrar os seguintes conceitos:

- *Dados* – Material bruto que surge da pesquisa, criação, coleta e descoberta. Esses dados não são bons para a comunicação porque deixam de configurar uma mensagem completa. A comunicação bem-sucedida dispensa apresentar dados, que são úteis para os produtores de informação (como os entrevistadores e estatísticos do IBGE, por exemplo) mas não para os consumidores. A chamada "tecnologia da informação" é um nome muito inapropriado, pois é uma tecnologia que está preocupada só com o armazenamento, o processamento e a transmissão dos dados. Não trabalha (pelo menos por enquanto!) com a compreensão...

- *Informação* – Significa a transmissão de mensagens que revelam as relações e os padrões nos dados apresentados. Segundo esse conceito, os dados já estão trabalhados, contextualizados, processados, diagramados e são apresentados de modo a ter relevância e fazer sentido. Transformar os dados em informação significa organizá-los de maneira adequada, dando-lhes um contexto. As tabelas numéricas que aparecem no site do IBGE e seus infográficos já podem, por exemplo, ser considerados informação.
- *Conhecimento* – É fundamentalmente participativo. Todos os e-books que você carrega no seu laptop, todos os sites pelos quais você já navegou na internet e todos os livros que compõem as estantes da biblioteca da sua faculdade não serão conhecidos enquanto você não deixar de lado o WhatsApp e explorá-los! O conhecimento só existe quando há a verdadeira assimilação dos significados da informação e sua integração à mente.
- *Sabedoria* – É um conceito mais alto, mais íntimo, mais abstrato e filosófico que todos os níveis anteriores. A sabedoria resulta da contemplação, da retrospecção, da avaliação e da interpretação, que são processos muito, muito pessoais. Quando e por que usar o conhecimento? Por exemplo: o Brasil domina a tecnologia do enriquecimento de urânio desde os anos 1980. Ele é produzido na fábrica de combustível nuclear, em Resende, no Rio de Janeiro. Será que o conhecimento técnico que temos no Brasil sobre o enriquecimento de urânio deveria ser mesmo utilizado para a produção de energia para nossas cidades e indústrias, ou deveríamos, por razões ambientais, aposentar as nossas usinas nucleares? Essa é uma discussão que começa a se aproximar do plano da sabedoria.
- *Cultura* – Os conceitos têm o seu ponto final na cultura. Olhamos aqui as informações como insumos relevantes para as nossas manifestações, práticas e vivências em sociedade.

O que eu mostrei foi a cadeia conceitual da ciência da informação, um dos fundamentos da arquitetura de informação. Uma ciência que investiga as propriedades e o comportamento da informação, assim como as forças que governam o fluxo da informação, sua acessibilidade e usabilidade.

No mundo contemporâneo, a informação ficou mais abundante do que nunca. Segundo os arquitetos Rosenfeld, Morville e Arango, autores da nova versão do famoso "livro do urso polar", todos os anos a humanidade produz e consome mais informação do que no ano anterior – em um ritmo alucinado de mudanças. Essa bolha superinchada torna cada vez mais difícil encontrar o que buscamos e extrair sentido daquilo que encontramos. Agora mais ainda, já que interagimos com base em uma lista crescente de possibilidades técnicas, com dispositivos móveis e serviços on-line ubíquos e integrados, que trocam dados entre si. As alternativas de interação com a informação têm se tornado cada dia mais numerosas e complexas. Estamos muito além do navegador: interagimos com a informação em smartphones, tablets, relógios, óculos, assistentes de voz, geladeiras, e ela vai se transformando em peça fundamental para o bom funcionamento de objetos e acessórios como termostatos e maçanetas, hoje máquinas computacionais (embora nem sempre sejam percebidos como tal). Veja isto: a experiência de interagir com produtos e serviços que contêm informação está se expandindo a ponto de englobar múltiplos aparatos em diversos lugares ou momentos. Essa complexidade crescente vai nos demandar uma abordagem sistemática e holística para estruturar a informação de modo a se tornar encontrável e compreensível.

Se você quer se tornar um excelente UX designer ou arquiteto de informação, não esqueça nunca a cadeia conceitual apresentada neste capítulo, ok? A informação será sempre a sua matéria-prima!

capítulo **4**

Navegação: nove apóstolos e uma astronauta

Mais do que barras de botões,
ícones ou menus, desenhamos a viagem
do navegante pelo espaço formado
com informações e conhecimento.

O termo "navegação" pode ser encarado como um conceito amplo. Descreve atividades que podem variar desde as primeiras tentativas de exploração da casa, empreendidas por um bebê, até os complexos cálculos e planejamentos que guiaram Jessica Watkins, a primeira mulher negra a fazer parte da tripulação da Estação Espacial Internacional (ISS – International Space Station).

Acontece que, no sentido comum, navegação significa apenas se movimentar no espaço físico. Mas, no sentido amplo, a navegação inclui o movimento virtual por espaços cognitivos – que são espaços formados por dados, informações e pelo conhecimento que daí emerge. Note que é o que acontece quando navegamos em um hipertexto da web ou em um aplicativo para celular repleto de informações. É nesse sentido amplo que a navegação deve ser considerada por todos que trabalham com a internet (Figura 4.1).

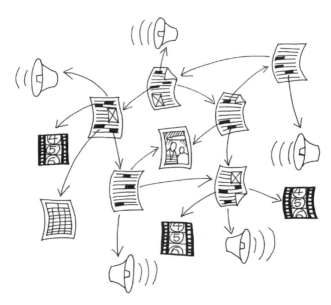

Figura 4.1. *Modelo de representação de um hipertexto.*

O tema da navegação pode ser compreendido segundo diferentes pontos de vista. Com isso, optei por selecionar abordagens teóricas de diversos autores. Mostro a seguir as visões de alguns famosos "apóstolos" da navegação no ciberespaço. Vamos conhecê-las?

A navegação segundo Lévy

O filósofo Pierre Lévy, estudioso da cibercultura, sem dúvida se inspirou nas histórias de piratas para definir duas grandes atitudes opostas de navegação. Cada navegação na web é uma mistura das duas:

- *Navegação para caçada* – Aqui, procuramos uma informação precisa, que desejamos obter o mais rápido possível.
- *Navegação para pilhagem* – Estamos vagamente interessados em um assunto, mas prontos a nos desviar a qualquer instante de acordo com o clima do momento. Vagamos de site em site, e de link em link, como se fosse uma navegação para a pilhagem de riquezas.

A navegação segundo Spool

A equipe do designer Jared Spool pesquisou a busca de fatos simples, a comparação entre fatos, o julgamento e a comparação visando ao julgamento. Observe estes exemplos:

- *Fato simples* – "É possível comprar uma motocicleta Honda CG 160 Titan por um preço inferior a R$ 13.000?"
- *Comparação de fatos* – "Para onde é mais barato fazer uma viagem de férias: Nordeste do Brasil ou Flórida?"
- *Julgamento* – "Você acha que um Hyundai HB20 Sport usado é seguro?"
- *Comparação para julgamento* – "Qual é o melhor carro importado abaixo de R$ 70 mil?

A navegação segundo Shneiderman

Ben Shneiderman, famoso pesquisador de interação humano-computador, mostrou que a navegação para a busca de informações em hipertextos pode assumir quatro características. São elas:

- *Navegação para busca de uma informação específica*
  Exemplo: buscar na base de dados da Biblioteca do Congresso dos EUA o número do volume *A terceira onda*, de Alvin Toffler, ou buscar a data de início do curso de design digital oferecido pelo Centro Federal Tecnológico.
- *Navegação para busca de informações relacionadas*
  Exemplos: quais são os outros livros publicados pelo autor de *Millôr definitivo: A bíblia do caos*? Em que estados, além do Rio de Janeiro, o Senac oferece cursos de guia de turismo ecológico?
- *Navegação com destino em aberto*
  Exemplos: existem novas pesquisas sobre inteligência artificial desenvolvidas no Canadá? Existem novos projetos de democratização do acesso à internet sendo promovidos pelo governo em algum estado do Brasil?

- *Navegação para verificar a disponibilidade*
  Exemplos: que tipo de informações sobre genealogia está disponível no site da Biblioteca do Congresso dos EUA? O site do jornal Estadão disponibiliza funções de compartilhamento de notícias no Facebook?

A navegação segundo Whitaker

Segundo a pesquisadora Leslie Whitaker, quando as pessoas navegam com objetivos definidos, seja no espaço físico, seja no virtual, elas utilizam um dos três métodos a seguir.
- navegação por marcos;
- navegação por rotas; ou
- navegação exploratória.

Cada um desses métodos pode ser utilizado em circunstâncias diferentes:
- *Navegação por marcos* – Emprega sinalização em determinados pontos do percurso. Nesse caso, é importante a sinalização clara para ajudar no caminho em direção ao objetivo e na determinação do local onde estamos, para evitar que fiquemos perdidos.
- *Navegação por rotas* – Para empregar esse método, o navegante deve conhecer os passos a serem dados, de modo a unir uma sequência de indicadores. Funciona em um caminho conhecido, mas não é útil para recuperar a rota quando se está perdido nem para se aventurar por rotas alternativas.
- *Navegação exploratória* – Aqui formamos um mapa cognitivo do espaço. Um mapa cognitivo é uma representação mental, análoga a um mapa físico do espaço. Embora esse mapa não seja exato, fornece um quadro de referência na mente para basear as decisões, do tipo recuperar a rota ou optar por atalhos. Na realidade, esse mapa é muito imperfeito.

Estudos sobre a orientação humana em ambientes naturais, citados pela mesma pesquisadora, possibilitaram a sua comparação com a navegação na web. Confira:

- *Predição* – É a habilidade de antecipar a localização em que você estará posicionado no momento seguinte.
- *Recuperação* – Os navegantes mais experientes retraçam mentalmente as ações e os passos até as suas últimas posições, enquanto constroem hipóteses sobre sua atual localização para se recuperar de erros.
- *Pontos de referência* – Em ambientes construídos, como as cidades, os pontos de referência funcionam assim: "Quando você chegar até a igreja, estará a dois quarteirões da minha casa." Em um ambiente não estruturado, os pontos de referência são as barreiras à viagem, como os penhascos. Esse processo também se aplica a um ambiente virtual.
- *Suposição* – O navegante planeja uma rota que não o leva bem até o ponto desejado, mas que pode ser corrigida no futuro. Isso funciona em combinação com o emprego dos pontos de referência.

A navegação segundo Rosenfeld, Morville e Arango

No antigo sistema Gopher, o usuário era forçado a se mover apenas para cima ou para baixo na árvore que estruturava o conteúdo hierárquico. Não era possível dar saltos por ramificações de uma hierarquia, nem saltos entre seus diversos níveis. As capacidades hipertextuais da internet removeram essas limitações, viabilizando liberdade de navegação (Figura 4.2).

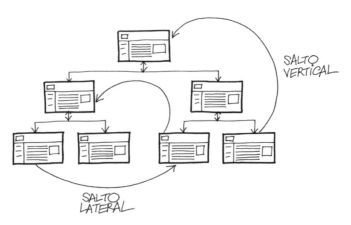

Figura 4.2. *Para além da navegação hierárquica, o hipertexto propicia saltos laterais e verticais, facilitando o acesso a qualquer lugar, de qualquer lugar.*

Segundo os arquitetos de informação Rosenfeld, Morville e Arango, os sistemas de navegação integrados são os três mais comuns: global, local e contextual. E a necessidade deles se mantém nas interfaces de web e também de celular, ainda que nestas últimas assumam diferentes formas decorrentes das limitações do tamanho das telas (Figura 4.3). O objetivo desses três sistemas de navegação é fornecer contextualização (localização) e flexibilidade. Veja a seguir.

- *Sistema de navegação global* – Complementa a informação disposta de modo hierárquico (a *taxonomia*), habilitando os movimentos verticais e laterais. É aplicado ao site ou aplicativo inteiro e se integra ao design visual. Pode ser implementado na forma de uma barra horizontal no topo das páginas (ver figura a seguir). A navegação global é replicada em todas as páginas de um ambiente digital.

Figura 4.3. *A posição mais comum dos três sistemas de navegação em websites.*

- *Sistema de navegação local* – Possibilita que os usuários explorem os locais próximos da área onde estão. Para entender o sistema local, recorremos ao conceito de "subsite". Uma empresa pode oferecer um catálogo de produtos que tenha um estilo de navegação diferenciado. Ao escolher um caminho de navegação (uma ramificação na hierarquia), o navegante consegue se aprofundar em seus itens e subitens. Isso seria um exemplo de sistema de navegação local (Figura 4.4).

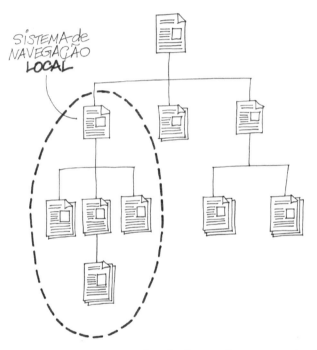

Figura 4.4. *Representação gráfica do sistema de navegação local.*

- *Sistema de navegação contextual* – Implica colocar palavras ou expressões dentro de frases ou parágrafos, como links de hipertextos. Tem natureza mais editorial do que de arquitetura; depende de decisões dos autores, conteudistas ou editores. Links para informações relacionadas ou, no caso de comércio eletrônico, outros produtos de uma mesma categoria também podem ser considerados exemplos de uma navegação contextual. O sistema contextual é o que dá suporte ao aprendizado associativo e torna possível que os usuários explorem as relações entre os diversos itens. Em ambientes móveis, a navegação contextual pode acionar capacidades do aparelho, como: fazer uma ligação telefônica, ligar o GPS ou tirar uma foto (Figura 4.5).

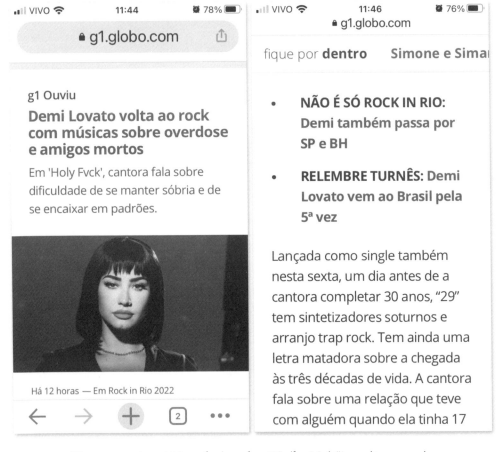

Figura 4.5. *As notícias relacionadas ("Saiba Mais") no site responsivo G1 exemplificam a navegação contextual, na tela de um celular.*

Observe que nos dispositivos móveis, em função de suas telas menores, os sistemas de navegação podem ser diagramados de maneira alternativa (Figura 4.6).

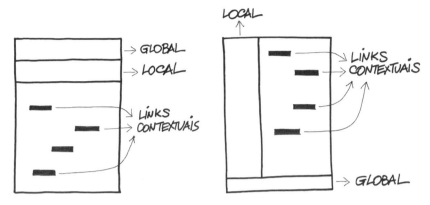

Figura 4.6. *Nos aplicativos para celular, os três sistemas de navegação podem mudar de posição (em relação aos websites) em consequência das limitações das telas.*

Rosenfeld, Morville e Arango mostram ainda que há os sistemas de navegação suplementar, compostos de mapas do site, índices, guias e busca (Figuras 4.7 e 4.8). Estes são muito importantes quando a taxonomia e os três sistemas integrados falham, e isso vai acontecer com um percentual expressivo de usuários e tarefas, daí sua importância.

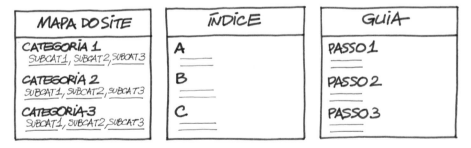

Figura 4.7. *Exemplos de sistemas de navegação suplementar: mapa, índice e guia.*

Os sistemas de busca por palavras-chave são considerados por Rosenfeld, Morville e Arango uma parte fundamental e importantíssima da navegação suplementar. Além disso, existem abordagens avançadas de navegação como a personalização, a customização e a navegação social. Esta vem ganhando um papel cada vez mais importante com o desenvolvimento de algoritmos complexos e secretos que originam dinamicamente listas de links (como os posts do seu feed de notícias ou sugestões de grupos para você participar). (Figura 4.9).

Figura 4.8. *Índice de A a Z no portal da Fundação Oswaldo Cruz.*

Figura 4.9. *Alguns links de navegação social sugeridos pelo algoritmo do Facebook.*

Note que já começam a surgir questionamentos de pesquisadores sobre o emprego da metáfora da navegação à web, como observa Peter Morville no seu livro *Ambient findability*. Essa metáfora seria muito limitada para representar a interação com a informação em sua totalidade porque, ao contrário da navegação física – em que o objetivo é chegar ao destino –, nos espaços semânticos a jornada poderá ser o próprio destino.

A navegação segundo Wodtke

O desenho de navegação é uma nova modalidade de arte nos ambientes digitais de informação. Para a arquiteta de informação Christina Wodtke, a navegação pode se apresentar nos seguintes "sabores":

- *Navegação global* – Fornece links para as áreas-chave dos sites partindo de qualquer página e costuma estar disposta no topo ou no rodapé das páginas (Figura 4.1o).

Figura 4.1o. *Mais exemplos de barras de navegação global em websites conhecidos: Folha de S.Paulo e Petrobras.*

- *Navegação local* – É a navegação em subseções dentro de um site, projetada para que os usuários naveguem entre as categorias e possam ir para suas subcategorias (Figura 4.11).

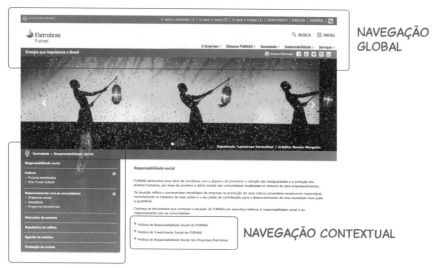

Figura 4.11. *Sistemas de navegação global, local e contextual no website de Furnas.*

- *Paginação* – Quando temos grande quantidade de informação, devemos dividi-la em partes pequenas. Em uma coleção de itens de mesma categoria, deve-se poder passar com facilidade para o próximo item, como na simples paginação de um livro (Figura 4.12).

Figura 4.12. *A figura mostra como funciona uma navegação em estilo de paginação.*

A navegação segundo Spencer

A arquiteta de informação Donna Spencer observou que existem quatro modelos de comportamentos de busca de informação por parte de usuários:

- *Busca por um item conhecido* – O usuário sabe o que quer, quais palavras usar para descrevê-lo e tem um entendimento de por onde começar. Esse tipo de comportamento pode ser apoiado por um mecanismo de busca ou pela simples navegação (browsing).
- *Exploração* – Aqui as pessoas têm uma ideia geral do que querem, mas não sabem as palavras adequadas e podem não saber qual é o ponto de partida. Nesse modo, é provável que as necessidades de informação se alterem durante a navegação.
- *Usuário não sabe do que precisa* – Comum nos casos de temas complexos ou desconhecidos e no comportamento de se manter "atualizado".
- *Recuperação de um item* – Quando as pessoas estão procurando reencontrar itens que já haviam visitado antes. Os usuários podem se lembrar ou não de onde haviam estado na primeira vez.

Para ela, o arquiteto deve identificar, por meio da observação, a maneira como o seu público-alvo aborda a necessidade de informação e projetar a arquitetura para dar suporte a essa necessidade.

E daí, o que podemos concluir?

Após contato com as diferentes visões desses "apóstolos" do ciberespaço, concluímos que não podem existir regras muito fáceis para um bom projeto de navegação.

É que a navegação não ocorre dentro do espaço físico. Entender bem o conceito-chave é o primeiro passo para criar um adequado projeto de navegação. Ela constitui um movimento cognitivo por espaços formados de informações e conhecimento. É nesse sentido amplo que a navegação deve ser encarada por todos nós.

Mudanças radicais, características da navegação nos espaços virtuais, foram introduzidas pelos hipertextos e por sua filosofia. Usuários de documentos eletrônicos não olham ou leem simplesmente as informações, mas interagem com elas – de modo sem precedentes no design impresso. Há interações com metáforas, imagens e conceitos, que habilitam funções e significados.

Como na célebre missão de Jessica Watkins e seus colegas na ISS, a navegação na hipermídia é centrada, de preferência, em objetivos e em ações. Por isso, mais do que desenhar barras, botões, ícones ou menus, o que projetamos são as interações do navegante com o ambiente informacional para fazer com que ele alcance seu objetivo.

Fica a dica, portanto, da importância de organizarmos as informações de um website para que os usuários possam encontrar o que querem e possam atingir os seus objetivos com facilidade. Assim, eles ficarão satisfeitos, comprarão mais produtos e retornarão com mais frequência, o que retornará mais lucros para o seu negócio. Perfeito!

Mas, para isso, algumas regrinhas "de ouro" precisarão ser conhecidas. É o que veremos no próximo capítulo.

capítulo **5**

Nove regras que valem ouro

*Confira esta versão adaptada
das regras de ouro: nove dicas
infalíveis para melhorar a interação.*

Se você trabalha com a internet e quer conhecer mais sobre como projetar as interações para melhorar os seus projetos na rede, continue a ler este livro. Mostraremos as famosas "regras de ouro" de Ben Shneiderman, pesquisador da Universidade de Maryland, nos Estados Unidos. Ben é autor da obra *Designing the user interface,*[*] espécie de bíblia da área.

Os princípios que apresentamos aqui são universais, isto é, podem ser aplicados a qualquer interface, como a de um site tipo Web 2.0, um terminal de autoatendimento bancário ou um aplicativo para smartphone ou tablet. Seu objetivo é aumentar a satisfação das pessoas durante a interação com os computadores e seria bom que tais princípios fossem conhecidos e respeitados pelos envolvidos, de um modo ou de outro, com o projeto de sistemas.

As dicas aumentam em muito a sensação de competência humana sobre os sistemas informatizados e facilitam o seu aprendizado. As regrinhas foram livremente traduzidas e reescritas, e podem ser explicadas como a seguir.

---

[*] O novo livro de Shneiderman trata das interações com a inteligência artificial.

Consistência sempre!

A consistência das interfaces tem a ver com a repetição de certos padrões em todas as partes do sistema. Por exemplo: o layout de cores, a tipologia, os menus e a diagramação básica (*grid*) devem ser os mesmos em todas as páginas da interface (como no projeto visual de um livro, de uma revista). Além disso, a linguagem verbal precisa ser consistente. As mesmas expressões e termos precisam ser utilizados nos menus, títulos e helps. Repetem-se certas sequências de ações, em situações de operação semelhantes, para facilitar o seu aprendizado. No caso da interação *touch-screen*, os mesmos gestos devem causar os mesmos resultados em situações semelhantes.

Atalhos para os mais experientes

Com a utilização cada vez mais frequente dos sistemas interativos, como aplicativos móveis e redes sociais, os usuários vão ficando experientes e querem diminuir o número de cliques ou toques para aumentar sua velocidade. As interfaces devem, nesse caso, fornecer atalhos e comandos a fim de diminuir o tempo de resposta para os mais experientes. Em softwares, um bom exemplo é o atalho de teclado (como o control-c e control-v). No iPhone, os atalhos de teclados podem ser configurados para digitar frases inteiras (Figura 5.1).

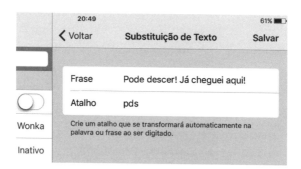

Figura 5.1. *Uso de atalhos de teclado no iPhone.*

Retroalimentação

É a velha questão da comunicação, lembra? Para cada ação realizada pelo usuário, deve haver um feedback (retroalimentação) adequado vindo do computador. O sistema deve sempre deixar claro o que está fazendo. Ações demoradas e raras demandam um feedback mais explícito do que ações frequentes. A representação visual incentiva o uso de metáforas de interface, como as antigas animações de ampulhetas no Windows e no Mac (Figura 5.2).

Figura 5.2. *O ícone de uma ampulheta simbolizava que o usuário precisaria aguardar um instante.*

Diálogos com início, meio e fim

Parece um princípio óbvio de qualquer roteiro para novelas, mas funciona. O fechamento – sinalizado com sucesso – de uma sequência de interações (toques ou cliques) dá ao usuário a sensação de alívio, além da indicação de que o caminho para o grupo de ações subsequentes estará correto. "Parabéns! Você completou a instalação com sucesso!" (Figura 5.3)

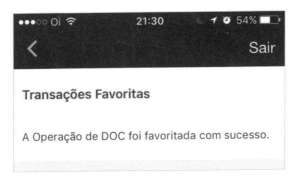

Figura 5.3. *Aplicativo Banco do Brasil para celular mostra uma operação financeira "favoritada" com sucesso.*

Prevenção de erros

O sistema deve ser capaz de evitar ou recusar os enganos humanos (que são frequentes). Com isso, ações erradas devem fazer o sistema permanecer inalterado. Se o usuário cometer algum erro, é recomendável que o sistema ofereça uma alternativa simples e construtiva de recuperar-se, com explicações adequadas a cada situação. E, por favor, nada de mensagens ameaçadoras do tipo "Seu programa realizou uma operação ilegal e será fechado." Ninguém merece!

Meia-volta, volver!

É a possibilidade da reversão para o estado inicial. O sistema deve sempre encorajar a exploração de áreas não conhecidas, mas as ações têm de ser reversíveis – isso previne a ansiedade do usuário. É o caso dos *undos*, do botão *back* (voltar) e do histórico de navegação, por exemplo (Figura 5.4). Mesmo que fique bonitinho, evite esconder a barra de botões do navegador.

Figura 5.4. *No iPhone, é possível desfazer a última ação com uma chacoalhada no aparelho.*

Atenção: o controle é do usuário!

Essa regra representa a essência da usabilidade e vai impactar muito a sua experiência. Os usuários precisam ter a sensação de que comandam o sistema e de que o sistema responde adequadamente às suas ações, e não o contrário como é normal ocorrer em nome das vendas e do marketing. Nada de pregar peças nem dar sustos no usuário! Os usuários devem ser sempre os iniciadores das ações, não responder às ações suscitadas pelo computador.

Surpresas durante a interação com uma máquina causam insatisfação e ansiedade. O grande vilão no caso é o marketing de interrupção: ele ainda é o terror de muitos leitores apesar dos bloqueadores de *pop-ups* hoje existentes (Figura 5.5).

Figura 5.5. *Este banner publicitário no site Minha Vida interrompe a leitura, forçando o usuário a fechá-lo. É o marketing de interrupção.*

Na cabeça: sete (com dois a mais ou a menos)

Veja ainda esta: os seres humanos têm a memória de curto prazo muito ruim. A limitação da capacidade de processamento da memória humana deve ser respeitada pelos projetistas de aplicativos ou sites. Em geral, só nos lembramos de sete blocos de informação de cada vez (com margem de dois para mais ou para menos) durante a nossa interação com o computador. Ou seja, entre cinco e nove informações. Isso significa que – sempre que possível – é ideal evitar menus expansíveis muito longos, pois é difícil para o operador memorizar todos os seus itens no curto prazo. Prefira colocar as opções de navegação visíveis na tela, até o limite de nove itens por página (Figura 5.6).

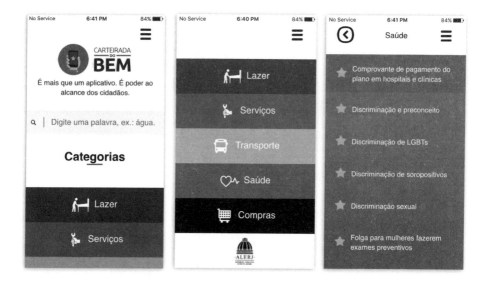

Figura 5.6. *Apesar de ter diversos verbetes, o aplicativo Carteirada do Bem mostra um número reduzido de categorias de topo para não sobrecarregar cognitivamente o usuário.*

Como dissemos, o objetivo dessas regrinhas simples é aumentar a sensação da competência humana durante o uso da tecnologia e auxiliar o desenvolvimento de interfaces, causando satisfação, eficiência e conforto para o ser humano. Mas devem ser consideradas, como diria Umberto Eco, "obra aberta", ou seja, as regrinhas precisam ser interpretadas para o uso específico nas aplicações que você vai desenhar. Use sua criatividade. Além das regrinhas citadas, tomamos a liberdade de acrescentar aqui no final mais uma dica, que julgamos ser da maior importância:

Conheça o seu usuário!

Lembre-se de que o usuário não é uma abstração teórica. Uma interface só é bem-sucedida se ela der o suporte adequado aos objetivos e ao comportamento do usuário real. Por isso, conhecê-lo é fundamental. Antes de botar a mão na massa e programar, devemos descobrir o que o público pensa, o que ele quer e como ele se comporta; para isso, são aplicadas técnicas de pesquisa como grupos de foco, questionários, card sorting ou testes de usabilidade. A etapa de pesquisa é fundamental no projeto centrado no usuário.

capítulo **6**

As dez heurísticas da usabilidade

"Até mesmo os melhores designers só conseguem
obter sucesso se focarem os problemas certos."
— Jakob Nielsen

Heurística é um termo que vem do grego ("descoberta") e significa um método de investigação baseado na aproximação progressiva de um determinado problema. Não é algo que tem comprovação matemática.

No capítulo anterior, tomamos contato com as regrinhas de ouro (as *golden rules*) formuladas por Ben Shneiderman. Agora vamos aproveitar e dar uma rápida olhada nas famosas dez heurísticas da usabilidade de interfaces, propostas pelo pesquisador Jakob Nielsen. Você verá que algumas delas são equivalentes às regras de ouro. São elas:

Visibilidade do status do sistema

O sistema (seja qual for ele, um aplicativo, um software de produção, um website, um painel de automóvel etc.) deve sempre informar ao usuário, em tempo real, o que está acontecendo, o que ele está processando, naquele momento (Figura 6.1).

Figura 6.1. *Visibilidade do status do sistema: o aplicativo Spotify informa o tempo todo a música que está tocando, a que já tocou, e a próxima, além da minutagem.*

Sistema e mundo real

O sistema deve sempre falar a linguagem do usuário, com palavras, frases e conceitos que lhe sejam familiares, em vez de usar termos orientados ao sistema. Nada de informatiquês, siglas burocráticas, linguagem da cultura corporativa, nem jargões mercadológicos ou marqueteiros (Figura 6.2). É preciso seguir as convenções do mundo real, da vida comum, fazendo a informação aparecer na ordem natural do ponto de vista do usuário (e não do projetista). Essa heurística é boa não só para a usabilidade mas também para a arquitetura de informação. A hierarquia dos menus, por exemplo, deve ser totalmente compreensível segundo o modelo mental do seu público-alvo, mas para isso vai ser necessário pesquisar um pouco.

Liberdade e controle para o usuário

O princípio para controle do usuário e liberdade considera que os interagentes podem escolher funções do sistema por engano e precisarão de

Figura 6.2. *Esta mensagem emitida pelo programa de e-mail corporativo Lotus Notes viola por completo a heurística Sistema e mundo real. A linguagem usada é o informatiquês.*

uma "saída de emergência". Essa saída deve propiciar que se deixe o estado não desejado sem passar por um extenso diálogo. O usuário precisa poder fazer, desfazer e refazer as suas ações, com liberdade e sem burocracias! Em resumo, o usuário precisa estar sempre no controle das suas interações.

Consistência e padrões

Os usuários não devem ter de imaginar se palavras, situações ou ações diferentes significam a mesma coisa. É preciso seguir as convenções da plataforma, do sistema operacional e muitas vezes do mercado, inclusive as visuais e textuais. Isso porque os usuários transferem o seu conhecimento de interação de um contexto para o outro (Figura 6.3).

Figura 6.3. *O botão Voltar do aplicativo para tablets do jornal O Globo, que avaliamos com testes de usabilidade, fere a heurística Consistência e padrões. Não leva o leitor para a página anterior, fecha o aplicativo e o leva para a loja virtual de O Globo.*

Prevenção de erros

Muito melhor que ter boas mensagens de erro é um projeto que previna a ocorrência de problemas (Figura 6.4).

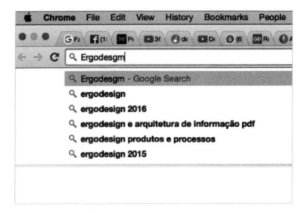

Figura 6.4. *Busca do Google previne erros de digitação do usuário ao sugerir palavras e frases. Um exemplo é a palavra "ergodesign" do título deste livro.*

Reconhecer em vez de lembrar

Deve-se tornar objetos, ações e opções visíveis. O recurso à memória humana, ainda mais a de curto prazo, deve ser minimizado porque ela é muito limitada. O usuário não deve precisar relembrar informações de uma parte do diálogo em outra parte. Informações necessárias para o bom uso do sistema devem estar visíveis e ser facilmente recuperáveis, sempre que necessário, em cada ponto da interação.

Flexibilidade e eficiência

Os atalhos para as tarefas, nem sempre percebidos pelos usuários novatos, podem aumentar muito a velocidade de interação para o usuário experiente (Figura 6.5). O sistema deve atender tanto aos usuários experientes quanto aos inexperientes. Essa heurística é análoga a uma das regrinhas de ouro do Shneiderman, que já vimos.

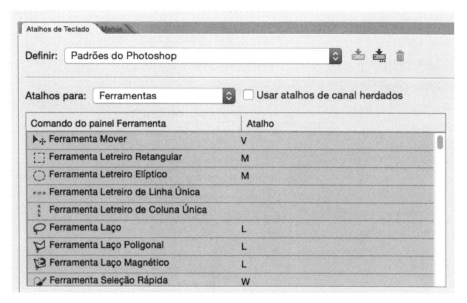

Figura 6.5. *No Photoshop, os atalhos do teclado possibilitam que o usuário avançado tenha mais eficiência no acesso às ferramentas.*

Design minimalista

A heurística da estética e design minimalista sugere que a quantidade de texto, o número de elementos visuais e de cores em uma interface devem ser reduzidos para não sobrecarregar o usuário. Quanto mais limpo o layout e a proposta da interação, mais rapidamente o interagente poderá interpretar as informações e tomar as decisões.

Recuperação de erros

De acordo com o princípio de auxílio ao usuário para reconhecer, diagnosticar e recuperar-se de erros, as mensagens de erro devem ser expressas em linguagem clara (sem códigos), devem indicar com precisão o problema e sugerir construtivamente uma solução (Figura 6.6 e 6.7).

Figura 6.6. *O antigo Windows era famoso por suas mensagens de erro ruins.*

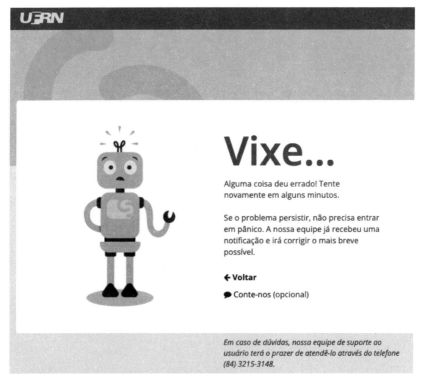

Figura 6.7. *A Universidade Federal do Rio Grande do Norte (UFRN) mostra uma simpática mensagem de erro, com respeito ao usuário.*

Ajuda e documentação

É muito melhor que o sistema possa ser usado sem documentação, mas às vezes o usuário precisa de um help (Figura 6.8). Qualquer informação desse tipo deve ser fácil de buscar, deve ser focada na tarefa do usuário, deve mencionar passos concretos a ser seguidos e não ter muito blá-blá-blá!

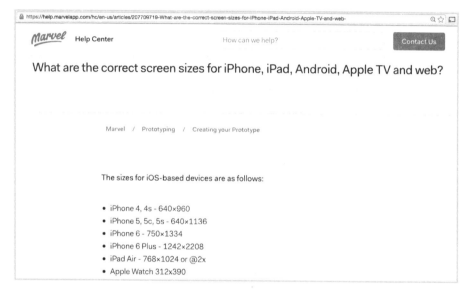

Figura 6.8. *O sistema de design e prototipação Marvel (www.marvelapp.com) oferece um Help Center que possibilita tirar qualquer dúvida dos designers e arquitetos de informação durante a criação de seus projetos.*

Há métodos para a avaliação de usabilidade que empregam as heurísticas. Esses métodos em geral não pressupõem a participação de usuários em carne e osso, pois o avaliador fornece apenas a opinião sobre a interface. A avaliação heurística foi criada pelos pesquisadores Jakob Nielsen e Rolf Molich, que desenvolveram um método no qual um pequeno grupo de peritos examina o sistema ou aplicativo e procura os pontos que violam os princípios heurísticos. Depois os peritos associam graus de gravidade aos problemas encontrados.

Fique ligado: a avaliação heurística é um método que pode ser aplicado em qualquer estágio do desenvolvimento das interfaces do seu produto ou serviço digital, desde a prototipagem até a implementação.

capítulo **7**

Diálogo on-line entre usuários e organizações

*Uma pesquisa que visou contribuir
para aumentar o conhecimento sobre
as interfaces e aprimorar o diálogo
usuários-organizações pela web.*

Este capítulo será uma espécie de guia de referência rápida sobre a minha dissertação de mestrado da PUC-Rio. O foco do trabalho foi a usabilidade dos portais corporativos (considerados com base em um estudo de caso). Sua ênfase estava na experiência do usuário (UX) e na encontrabilidade das informações.

O problema detectado foi a evasão dos usuários diante da primeira página (home page) de um portal de empresa. Um problema que é normalmente referenciado como *bounce rate* (ou taxa de rejeição). Essa taxa pode ser identificada por uma olhada nos dados do Google Analytics, que é um sistema de monitoramento gratuito oferecido pela Google com análises gráficas de estatísticas que descrevem a interação com sites e apps. A taxa de rejeição alta é um problema frequente que poderia acometer qualquer site da web.[*]

---

[*] No Google Analytics 4, essa métrica foi substituída pela taxa de engajamento.

A hipótese (suposição que orienta as pesquisas) foi a de que não havia adequação da primeira página ao público-alvo específico do site, com consequentes prejuízos à sua navegabilidade e evasão.

A pesquisa teve como finalidade propor meios de otimizar a presença de instituições na World Wide Web, por intermédio do ergodesign de suas interfaces. O que se pretendia era a melhoria do atendimento aos clientes finais, com apoio a seus objetivos de busca de informações e consideração de suas características ergonômicas, suas opiniões, seu grau de experiência com computadores e suas tarefas.

O trabalho que realizei para o mestrado da PUC-Rio visou tanto contribuir para o conhecimento sobre o projeto de interfaces com foco no usuário quanto aprimorar o diálogo usuários-organizações, com a adequada configuração dos meios de comunicação interativa da internet.

Na época, eu atuava como gestor de um portal corporativo de uma instituição, com presença nacional, e pude analisar bem os padrões de comportamento e de acesso dos internautas, vindos de diversas partes do país, por um sistema chamado Webtrends.

A análise do conteúdo dos e-mails enviados pelos usuários foi uma das técnicas de investigação científica aplicadas. Outra técnica foi a implantação de um questionário on-line no portal, para ser respondido pelos usuários conectados em todas as regiões do Brasil. Esse questionário baseou-se em um modelo famoso encontrado na literatura sobre pesquisas de IHC, o QUIS (Questionnaire of User Interface Satisfaction).

Questionário: uma técnica de pesquisa quantitativa

Uma das técnicas mais populares de pesquisa de UX aplicáveis na internet é o questionário on-line. Esse método é particularmente recomendável em razão de seu baixo custo e da participação em massa dos usuários. Eles cooperam com informações e sugestões – quando convidados pela via virtual –, o que faz do questionário on-line um evento gratificante para a empresa e para o UX designer.

Um questionário (como esse que se baseia no QUIS) busca, em primeiro lugar, identificar os grupos e subgrupos de usuários dos sites, como suas necessidades, suas percepções, suas estratégias de navegação, seus graus de experiência com a tecnologia, seu perfil ergonômico etc.

As pesquisas on-line evitam muitos custos relacionados à impressão, distribuição e coleta de formulários em papel. Muitas pessoas preferem preencher um questionário apresentado em uma tela em vez de na forma impressa. Entretanto, pode ocorrer um "tendenciamento" (*bias*) das respostas, motivado pela amostra que, nesse caso, é autosselecionada. Esse é um dos maiores problemas da utilização de questionários na web. Assim, pelo fato de não ser uma amostragem probabilística, devemos tomar cuidado para não chegar a conclusões apressadas nem generalizações ingênuas, que expandam inadvertidamente o resultado para toda a população de usuários ou clientes.

O risco diminui quando a quantidade de respostas é volumosa. Uma das vantagens do questionário, na pesquisa de UX e ergodesign, é que ele nos dá o feedback sob o ponto de vista direto do usuário.

No modelo de QUIS, os usuários são questionados em suas impressões subjetivas sobre aspectos específicos das interfaces, objetivos e ações relacionadas a tarefas, metáforas da interface, design ou sintaxe dos inputs. Outros objetivos importantes são descobrir o background social e educacional do usuário, como também sua experiência prévia com a tecnologia da informação.

Para embasar a pesquisa, criei para o meu estudo de caso (o site de uma grande instituição educacional) um questionário de avaliação de usabilidade baseado no modelo proposto por Ben Shneiderman, o QUIS.

Houve o cuidado de adaptá-lo às condições específicas. O questionário foi apresentado aos visitantes do site por um certo período. Os convites solicitando a participação foram enviados por e-mail (resposta automática), como também por banner na home page do portal.

Junto a cada questão, foi apresentada uma escala de oposição semântica, com valores de 1 a 5. As escalas do QUIS original variam até nove; por considerar isso complexo para o usuário brasileiro, as escalas foram simplificadas (Figura 7.1).

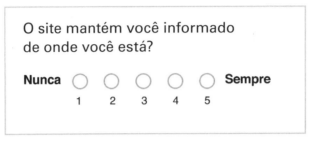

Figura 7.1. *Escala de oposição semântica no QUIS.*

Mais adaptações foram realizadas no QUIS, como a eliminação de algumas questões que não eram aplicáveis ao caso.

O questionário consistiu em nove partes, além de uma introdução para obtenção do perfil geral do usuário. Outras perguntas apresentaram campos abertos para que o visitante tivesse a liberdade de redigir suas considerações e seus comentários.

Outros temas que podem ser investigados por meio de uma adaptação do questionário são: o *look and feel*, os problemas da home page, links, estrutura, imagens, multimídias, *plug-ins*, downloads, resposta automática, usabilidade de formulários, legibilidade, tipo de acesso à rede, assim como informações educacionais e demográficas.

Esse modelo de questionário é bastante utilizado também nos exercícios de aula que costumo dar na disciplina sobre ferramentas de coleta de dados na pós-graduação em ergodesign de interfaces. Um exemplo inspirado no QUIS pode ser visto na Figura 7.2.

O questionário – planejado e aplicado criteriosamente na web – já se tornou importante ferramenta na pesquisa da interação humano-computador, de modo a complementar outros métodos, como a avaliação heurística ou os testes de usabilidade, e agora é muito utilizado por ergodesigners no Brasil. Existe uma versão do QUIS em português, traduzida por uma equipe do Leui, da PUC-Rio, em 2004.* O QUIS foi criado pela Universidade de Maryland, nos Estados Unidos.

---

* Para definir a versão oficial do QUIS em português, reuniram-se em uma tarde de sábado, no meu apartamento em Botafogo, Rio de Janeiro, a pedido da professora Anamaria de Moraes, os pesquisadores Eduardo Ariel, Robson Santos, Eduardo Brandão, Carlos Bahiana e Guilherme Santa Rosa.

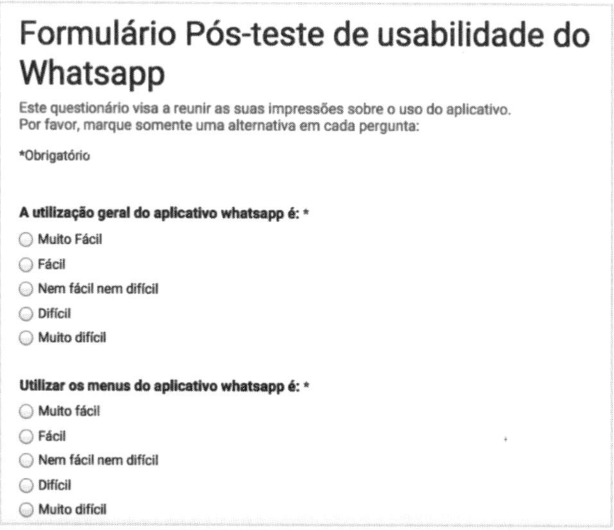

Formulário Pós-teste de usabilidade do Whatsapp

Este questionário visa a reunir as suas impressões sobre o uso do aplicativo. Por favor, marque somente uma alternativa em cada pergunta:

*Obrigatório

A utilização geral do aplicativo whatsapp é: *
- ○ Muito Fácil
- ○ Fácil
- ○ Nem fácil nem difícil
- ○ Difícil
- ○ Muito difícil

Utilizar os menus do aplicativo whatsapp é: *
- ○ Muito fácil
- ○ Fácil
- ○ Nem fácil nem difícil
- ○ Difícil
- ○ Muito difícil

Figura 7.2. *Exemplo de questionário com livre adaptação do modelo QUIS, utilizado por alunos de ergodesign de interfaces. Nesse trabalho, um grupo de estudantes analisou o aplicativo de mensagens WhatsApp.*

Analisando os dados da pesquisa

A análise de conteúdo dos e-mails e a tabulação das respostas do questionário forneceram dados para desvendar as características dos remetentes de mensagens, considerando-se aspectos relativos a sexo, origem geográfica, domínios de internet, categoria de ocupação, experiência de uso, além de produtos e tipos de informações buscadas. Um trabalho, portanto, que envolvia desde logo UX, a arquitetura de informação e o ergodesign.

Todas essas informações ainda poderão ser complementadas por você com dados captados pelo Google Analytics. Aqui vão alguns exemplos:

- *Usuários* – Número total de visitantes, usuários únicos, taxa de rejeição e usuários que retornam etc.
- *Navegação* – Caminho percorrido pelos usuários e áreas mais visitadas do website.
- *Origens das visitas* – Páginas das quais estão vindo os usuários que chegam ao website.

- *Objetivos* – Verifique se as metas traçadas para o negócio estão sendo atingidas. Há conversão? Chega-se ao objetivo final?
- *E-commerce* – Cheque o desempenho da loja virtual.
- *Publicidade* – Identifique quais campanhas de marketing ou anúncios pagos que deram o melhor resultado.
- *Mídias sociais* – Cheque também se as ações da sua marca nas redes sociais estão sendo bem-sucedidas.
- *Sessões engajadas* – Verifique o número de sessões com seu site ou app aberto em primeiro plano por dez segundos. Se o usuário sair antes disso, considere como uma rejeição.

Conclusões

Nesse estudo de caso detectaram-se indícios de que a home page não dava suporte às principais tarefas ou aos objetivos informacionais dos usuários. Observei também que o site deveria se diferenciar melhor do modelo da intranet (um site voltado para dentro das organizações, para seus funcionários e departamentos). Os indícios da pesquisa puderam comprovar a hipótese. Apontou-se, então, para a necessidade de um redesign a fim de melhorar o diálogo com os visitantes.

Também formularam-se quinze dicas gerais para o projeto de portais de empresas na World Wide Web. Essas recomendações dirigem-se ao UX designer, ao arquiteto de informação, ao conteudista, ao redator ou ao gerente de projeto. Confira as quinze dicas em lições no Capítulo 9.

capítulo **8**

Era uma vez uma bolha...

Planos de negócio mal pensados e desconhecimento dos usuários são a receita para o fracasso.

Hoje em dia podemos considerar que a internet está fazendo sucesso com seus novos modelos de negócios, mas nem tudo foram sempre flores na economia digital. Nos primórdios da "nova economia", o pesquisador de UX Jakob Nielsen alertava que a web não estava atingindo de maneira adequada seus objetivos. Durante a "primeira onda" das pontocom, o design insatisfatório de interfaces acarretava uma série de custos para as empresas on-line. Os principais eram:

- perda em torno de 50% das vendas, já que os clientes não conseguiam encontrar os produtos ou informações (um problema de arquitetura de informação e UX);
- o resultado negativo da primeira visita ao site ocasionava a perda de 40% dos clientes em uma segunda visita (um problema de marketing).

Quando houve a virada do milênio, o setor de internet foi agudamente questionado como modelo de negócios. Após uma etapa de grande alvoroço nas bolsas internacionais de tecnologia (como a Nasdaq), regado a montanhas de dólares, a bolha especulativa estourou. No rastro da desilusão do mundo financeiro com os projetos de tecnologia, quase todos os empreendimentos da chamada "nova economia" sofreram enormes prejuízos.

O fracasso das empresas pontocom teve grande repercussão internacional: as vinte maiores quedas mundiais no setor de tecnologia somaram perdas de US$ 1,36 trilhão.

O portal Yahoo! figurou entre as cinco maiores quedas de valor na bolsa durante a crise. Em 2000 o UOL, que era considerado o maior portal do Brasil, comprava audiência enquanto o Terra, seu principal concorrente, contabilizava prejuízos de US$ 85 milhões apenas no primeiro trimestre. O iG, maior provedor de internet gratuita, teve seu projeto de ações na Nasdaq rejeitado e vendeu parte da empresa após desperdiçar US$ 120 milhões em seu lançamento. Essas notícias saíram publicadas nos jornais de economia, nesse período.

Até mesmo o Globo.com, que fez uma das maiores campanhas publicitárias com estrelas da TV, teve de reduzir 30% dos custos e cortar pessoal. Empresas de internet em todo o mundo fecharam com o estouro da bolha, eliminando enorme quantidade de postos de trabalho.

Na época, os jornais brasileiros informaram ter fechado as portas os sites: Super 11, Grátis I, NetGratuita, NetCorner, Kelkoo, Gibraltar, MyWeb, Patavina, Superoferta, Bem Casado, WebSeg, Prasair, Celebrando, LatinStocks e Musimundo, entre muitos outros, o que acarretou desemprego. Demitiram inúmeros profissionais os sites: Globo.com, PsiNet, Folha On-line, MedCenter, PoliStar, Totem, O Planeta, StarMedia, Tutopia, Obsidiana, Intermanagment, IdeiasNet, Amélia, Zoyd, Salutia, Fera, O Site, SportJá, IFX e O Estado de S. Paulo.

Janeiro de 2001 significou recordes internacionais em demissões. A AOL-Time-Warner, a maior empresa de mídia e internet do mundo, cortou dois mil empregos. A Amazon.com, uma empresa emblemática da nova economia, anunciou a demissão de 1.300 funcionários. A Walt Disney, a CNN e o New York Times reduziram os custos de suas operações on-line, com a eliminação de centenas de postos de trabalho. Quem se lembra disso?

Algumas hipóteses para o estouro da bolha

Tirando os aspectos ligados aos seus planos de negócios mal-elaborados, parte dos fracassos dos empreendimentos dessa fase da Web 1.o pode ser atribuída à então corriqueira desconsideração das necessidades, dos objetivos e das características dos usuários − como já demonstraram autores da área de usabilidade e UX. Ergodesigners acreditam que os sites têm baixa usabilidade porque desconsideram princípios básicos relacionados ao usuário; para eles, o elemento central dos sistemas interativos.

Quando o seu concorrente está a apenas um clique de distância, o sucesso do empreendimento on-line depende da clareza e da simplicidade com que o usuário inicia e completa suas tarefas. Isso significa dizer que o preço de ignorar o elemento humano nos sistemas interativos, como sites e aplicativos, pode ser alto demais. E as empresas pontocom, durante a chamada primeira onda, provaram esse gostinho amargo, não é?

Ser humano: o fator esquecido na maioria das vezes

No Brasil, é muito comum as empresas terem uma "estratégia genial" para os seus sistemas interativos mas esquecerem o usuário. Mundo afora, algumas empresas os constroem, muitas vezes, para si próprias ou para seus executivos, e não para seus clientes, como nos alertou David Siegel, um conhecido designer norte-americano.

E, além disso, a maioria das empresas não tem a cultura de UX necessária para construir uma ecologia de pontos de contato digitais realmente "viva". Essas empresas estão organizadas em torno dos seus produtos, serviços, marcas e canais − as chamadas vacas sagradas das organizações, que seria o que as mantêm trancadas em guerras internas baseadas em seus velhos modelos de negócios, aqueles que temem deixar para trás.

Muitas empresas ainda acreditam que a internet diz respeito apenas a questões de tecnologia ou de execução. Sobre isso, Siegel dá um alerta:

> Se a organização muda a sua cultura e se reorganiza totalmente em torno de seus clientes, uma mágica acontece. Os funcionários começam a trabalhar com mais energia. A organização evolui estrategicamente na direção dos seus clientes e das suas novas necessidades. E o site naturalmente começa a funcionar, já que as perguntas certas são formuladas.

E formular as perguntas certas significa realizar estudos e pesquisas sobre quem são os usuários dos sistemas, o que eles querem e como se comportam durante a interação.

A pesquisa da IHC é um campo científico ainda jovem (começou na década de 1980), que tem como objetivo entender como e por que as pessoas utilizam (ou não utilizam) a tecnologia da informação. A disciplina representa, portanto, o estudo do processo de design, visando a uma mudança conceitual do projeto centrado no sistema (ou na empresa) para o projeto centrado no usuário. Esse é o mote do ergodesign.

Um dos grandes segredos da maior parte das metodologias de IHC, relatados por vários autores, é a observação direta dos usuários. Os designers de produtos digitais se inspiram nas pesquisas feitas pelos etnógrafos mas as fazem de maneira diferenciada; eles observam as interfaces em uso real, com o objetivo de alterá-las ou de aperfeiçoá-las. A observação do usuário busca coletar dados sobre o seu comportamento, os quais vão instruir e embasar o redesenho das interfaces.

Considerando, por exemplo, um aplicativo de museu de arte, as comunidades de usuários podem ser formadas por tipos diversificados, como visitantes, alunos e professores. Os motivos do acesso podem variar desde a procura de um dado objetivo sobre um movimento ou artista até a livre visitação; do profissional ao casual; da seriedade ao divertimento.

A experiência com aplicativos ou com a navegação na internet pode influenciar o projeto, embora talvez o mais importante seja a distinção entre usuários novatos, intermitentes ou frequentes do aplicativo. Na verdade, tudo depende da observação real do uso e das conclusões que conseguimos retirar daí.

Para o designer Fleming, o canal digital com o cliente só será bem-sucedido se der suporte adequado às intenções e ao comportamento do seu usuário. A estratégia que funciona bem para um site pode estar completamente errada para um aplicativo. Por isso, compreender quais são essas intenções, metas e comportamentos é a etapa mais importante do projeto.

Mas, então, como descobrir o que o usuário pensa, quer ou como se comporta? Simples: realizando pesquisas!

Mais conclusões

Segundo a visão ergonômica, as incompatibilidades que desencadeiam problemas para o usuário devem-se ao desconhecimento da tarefa, do modo operatório e das estratégias de resolução de problemas do ser humano.

A visão simplificadora que reduz os produtos interativos somente a hardware e software – ou seja, a objetos e ferramentas – deixa os projetistas no nível superficial dos problemas, impedindo mergulhos profundos. Fique atento a isso!

O erro comum dos gerentes, dos desenvolvedores e designers seria conceber os sistemas interativos como uma simples lista de funcionalidades e não como o desenho das interações com os usuários.

As questões mencionadas aqui deveriam ser analisadas cuidadosamente pelas organizações que pretendem permanecer competitivas, já que participar com êxito da rede mundial tornou-se uma questão estratégica para a maioria das empresas – ainda mais agora, quando se fala tanto da Web 2.0 e da Web 3.0. Seriam essas novas webs e o boom do machine learning, dos metaversos e do blockchain o indício de que pode vir aí uma nova bolha especulativa pós-pandemia?

Fica a lição de que os usuários são a própria razão de ser dos sistemas. Se forem ignorados, o resultado pode ser um retumbante fracasso para as organizações. E isso dói no bolso, não é?

capítulo **9**

Quinze lições de design de interfaces

*Algumas generalizações sobre
o design de interfaces na internet
com o objetivo de melhorar o diálogo
entre os usuários e as organizações.*

As quinze lições a seguir destinam-se às empresas com grande presença na web e aos seus portais corporativos, mas não pretendem esgotar esse tema tão amplo. São generalizações baseadas na prática e em conclusões de pesquisas. Dirigem-se a todos os profissionais que trabalham com internet nessas empresas.

Foco no usuário

O profissional das corporações da era da internet precisa identificar os itens de informação efetivamente buscados pelo visitante.

Durante o projeto de sistemas interativos, em geral o foco se concentra na tecnologia e não no usuário. Designers e desenvolvedores são contratados e pagos para enfatizar a atividade (a dimensão racional) em detrimento do ser humano e do seu contexto (as dimensões ambíguas).

As empresas querem ter estratégias e visões geniais para seu site, mas acabam construindo sites para si mesmas e quase nunca para seus clientes. Diversos autores concordam com isso.

A pesquisa confirmou que as home pages dos portais institucionais devem ser configuradas para dar suporte à demanda de informação do público que as acessa. Essa é uma questão de arquitetura de informação que precisa ser entendida de modo adequado.

Para isso, é preciso buscar dados com pessoas que estão de fato utilizando as interfaces, não com pessoas que gerenciam as organizações, tipo diretores ou altos executivos. Essas pessoas são importantes na qualidade de *stakeholders*, mas não podem ser responsáveis por todas as decisões sobre interatividade. Ou seja, você não está criando um sistema para o uso direto deles, e sim do público-alvo. "Adquirem-se informações completamente díspares dos decisores, em relação às informações fornecidas pelos usuários reais dos produtos de tecnologia da informação", afirmou certa vez o pesquisador Mandel. O fato pode consistir em um grande desafio a ser encarado por todos nós, profissionais das novas mídias.

Comunicação instantânea

Um portal corporativo deve fornecer atendimento instantâneo ao cliente. A internet ocasionou mudanças no esquema clássico da comunicação. Estamos diante da falência do modelo fabril baseado na lógica da distribuição (o fundamento das mídias de massa, como a TV, a imprensa e o rádio). Essa lógica tinha como características essenciais, de acordo com o professor Marco Silva, a concentração dos meios, a uniformização dos fluxos e a instituição de legitimidades, todas centradas no polo da emissão (que já foi controlável e controlado). Isso acabou!

Emerge a lógica da interatividade, que é exatamente o contrário. A emissão pressupõe a participação − instantânea − da recepção. Como já disse o pesquisador André Lemos, agora o polo da emissão está liberado. Um exemplo disso são os comentários dos leitores nos blogs, nas redes sociais e nos demais sistemas da Web 2.0, em que os usuários participam ativamente com a criação de conteúdo. Em suma, a web é uma nova mídia que requer uma nova abordagem. A maneira convencional de tratar os projetos de comunicação, baseando-se na experiência fora da rede, está esgotada.

As empresas que ainda não entenderam isso podem acabar ficando para trás. Veja na Figura 9.1, por exemplo, como uma operadora de telefonia tratava a interação transmídia com seus usuários, por meio de seu aplicativo.

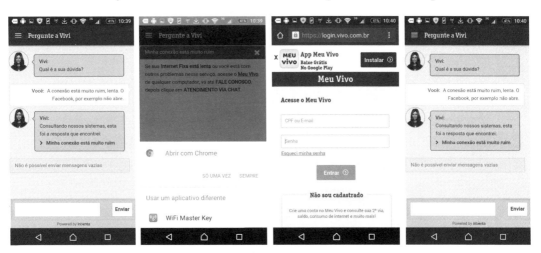

Figura 9.1. *Neste exemplo do aplicativo Meu Vivo, o usuário Jorge ficou "preso" em um loop entre o aplicativo para celular e o website responsivo da operadora, sem obter nenhuma resposta relevante por parte da "Vivi".*

E não para por aí. Hoje em dia, existem soluções de marketing para facilitar o atendimento on-line. Entretanto, antes de serem soluções mágicas, essas técnicas representam uma mudança profunda de filosofia das organizações a fim de focalizar os clientes por intermédio da comunicação instantânea e interativa. Por motivos intrínsecos às próprias organizações, isso nem sempre é possível; muitas vezes, estruturas burocráticas, como as existentes nos órgãos do governo, tendem a resistir fortemente a esse tipo de mudança. Conversaremos sobre isso um pouco mais adiante.

Avaliação do sucesso

Não podemos nos basear apenas em logs para avaliar o sucesso de um sistema corporativo. Arquivos log são arquivos de texto que contêm informações quantitativas sobre acesso aos sites, como números IP (números da internet) dos visitantes, datas e horários das visitas, páginas visitadas e cookies. São arquivos padronizados com fundamento em convenções internacionais e oferecidos pelo provedor de hospedagem dos sites. Esses arquivos de log são processados por bons sistemas de monitoramento, como o Google Analytics, entre outros.

A monitoração quantitativa do acesso tem se tornado comum e há diversos e bons aplicativos para análise do arquivo log dos computadores servidores, mas o emprego exclusivo dessas técnicas quantitativas ainda é insuficiente para radiografar a real experiência do usuário. Esses produtos tendem a mostrar gráficos estatísticos apenas de parte dos dados disponíveis, de tal modo que é frequente até obscurecerem a compreensão dos padrões gerais de utilização.

Os logs podem e devem ser empregados, desde que complementados por outras técnicas de pesquisa, com ênfase qualitativa, para estimular uma visão crítica – como entrevistas, etnografias, card sorting ou testes de usabilidade. Nossa pesquisa evidenciou que o emprego de técnicas de avaliação qualitativas complementa as quantitativas (logs). Vamos falar de algumas dessas técnicas qualitativas, como o card sorting e o teste de usabilidade, mais adiante.

A primeira página

A home page deve conter as informações que interessam ao usuário. Não é raro que as questões internas das organizações – como as disputas entre os seus departamentos e setores – influenciem o projeto da home page mais do que os objetivos dos usuários. As organizações devem evitar publicar na home page somente informações dirigidas ao seu público interno (isso seria mais bem atendido por uma intranet). Notícias sobre inaugurações de obras, siglas burocráticas incompreensíveis e projetos cujos resultados possam ser obscuros para os usuários estariam mais adequadas em uma área específica, voltada para a assessoria de imprensa. Ou seja, mais uma vez é uma questão básica de arquitetura de informação.

Conforme explicaram os pesquisadores de interfaces Nielsen e Tahir, as categorias que devem entrar na primeira página precisam ser escolhidas de acordo com o valor que agregam ao cliente e não segundo o valor que agregam à empresa.

Modelos mentais

Os profissionais que trabalham com internet devem evitar cair na tentação de representar o modelo de negócios da organização na home page, a menos que este seja simples e totalmente compatível com as expectativas do usuário. O público externo que acessa um website corporativo não precisa conhecer a fundo o modelo de negócios das organizações que, às vezes, é muito complexo.

Por exemplo, a arquitetura de informação do site não pode estar estruturada como espelho do organograma das organizações (um erro comum), mas, sim, como espelho das tarefas do usuário e da sua visão do espaço informacional. Vale lembrar que o único modo de acessar esses modelos mentais (expectativas e experiências) é via pesquisas, de preferência qualitativas, com os usuários.

Tudo bem, mas vai explicar isso para um burocrata!

Tempos de resposta

Os profissionais que contribuem para o projeto de interfaces devem procurar diminuir a sobrecarga de imagens, de janelas, de animações e de efeitos na home page. Como se sabe, um segundo é o limite de tempo de resposta para que o fluxo de pensamento humano permaneça ininterrupto, embora o usuário perceba a demora do sistema. Dez segundos é o tempo limite para manter o usuário concentrado no diálogo. Em caso de demora maior, os usuários voltam-se para outras tarefas – como ir até a cozinha ou responder o WhatsApp – enquanto esperam o computador terminar. Obter uma nova página no prazo de até dez segundos, embora seja irritante, significa poder ainda ficar concentrado na navegação. Se for uma interface touch-screen, ela deve fornecer uma resposta ao usuário em até 100 milissegundos, como aponta o designer Dan Saffer.

O tempo de resposta de muitas páginas famosas (e até premiadas) é muito alto para os padrões de usabilidade, considerando as deficiências de nossa banda de acesso móvel no Brasil, o que pode contribuir para inibir usuários. Muitos portais de instituições brasileiras apresentam maior carga de download na primeira página, em comparação com as páginas interiores, o que desmotiva o usuário logo em sua entrada. Isso pode até diminuir o número de sessões engajadas.

O senso comum

Não podemos usar sempre o senso comum para tomar decisões de design. Por quê? O senso comum pressupõe o seguinte: primeiro, que todos os usuários são iguais; e, segundo, que todos os usuários são iguais ao próprio projetista. Geralmente, esquecemos que o comportamento do usuário real pode ser bem diferente do que pensamos ser.

Existe uma grande quantidade de tipos de conhecimentos e de experiências que devem ser considerados ao se investigar o perfil do usuário. Nossa pesquisa mostrou que pode existir uma enorme disparidade entre o "cliente do mundo físico" e o "cliente virtual", contrariando o senso comum. Deve-se reunir feedback de um grupo de indivíduos com ampla gama de experiências profissionais, pessoais e computacionais, lembrando que não existem coisas do tipo "usuário médio". Se o "homem médio" existisse, talvez ele fosse mais parecido com um ET (Figura 9.2). Mantenha-se focado nas características de seu público-alvo.

Figura 9.2. *Um homem cujas medidas antropométricas estivessem na média da humanidade provavelmente seria desproporcional e lembraria um extraterrestre.*

Internet × intranet

Devemos distinguir o papel da intranet do papel da internet. No ambiente das organizações, a intranet é uma rede interna das empresas que pode ser usada para treinamentos, para compartilhar conhecimentos e que promove acesso aos sistemas corporativos. Para que atinja seus objetivos, as intranets devem motivar funcionários a postar mensagens, acessar formulários, consultar ramais, comemorar aniversários e compartilhar informações profissionais. Intranets devem encorajar diferentes departamentos e setores a divulgar suas informações para a totalidade da organização.

A rede interna se estende à "extranet", que possibilita a interação com a cadeia de suprimentos e a logística do negócio, aproximando fornecedores. Para interação com o público externo e o mercado em geral existe a internet, ferramenta de comunicação direta e instantânea. A equipe responsável deve procurar descobrir se a vocação do site ou portal é se tornar um canal de diálogo e de interação com o público externo à instituição ou com seu público interno, diferenciando bem esses dois conceitos e direcionando os subsites para o que o usuário final de fato precisa. Assim você poderá tornar o seu portal mais valioso e acertar no quesito arquitetura de informação.

Estilo de redação para web

A compreensibilidade é uma das metas principais da arquitetura de informação. Os links da home page devem ser claros, lógicos e bem-redigidos. Sem dúvida, a liberdade de expressão não tem reserva de mercado. Profissionais de diferentes áreas podem e devem escrever para a web: administradores, economistas, engenheiros, demógrafos, estatísticos, técnicos de informática, médicos etc. Todavia, uma das maiores falhas está justamente no estilo da redação (ou webwriting), quando o conteúdo textual não se adapta às particularidades ergonômicas ou cognitivas da leitura em uma tela.

Sabe-se que a linguagem é um dos aspectos críticos: a maioria dos usuários apenas "escaneia" as palavras com o olhar (fenômeno das sacadelas), sem necessariamente ler com atenção os textos. Isso já foi comprovado em diversas pesquisas com *eye-tracking* (um sistema capaz de registrar a varredura do movimento do olhar do usuário).

Desse modo, deve-se passar o máximo de informação com poucas palavras na tela do computador. A redação deve ser formulada para proporcionar facilidade, lógica, clareza e compreensão total dos destinos da navegação. A recomendação parece óbvia mas não é implementada quase nunca.

Se os usuários encontram restrições na clareza dos links, consideram-nos confusos ou ilógicos; isso pode causar perdas de audiência à home page – mesmo que os problemas não impossibilitem sua utilização.

Existem regrinhas específicas para guiar a produção de textos para leitura na tela. Essas dicas já foram descritas por Nielsen e Horanger, e por Bruno Rodrigues no seu livro *Webwriting*, só para citar algumas boas referências. Outra fonte importante é a Cartilha de Redação Web do Governo Eletrônico Brasileiro.

Padrões estéticos

Quem projeta sistemas interativos de informação deve considerar os padrões estéticos em voga e ajustá-los às expectativas do usuário e às restrições do próprio meio. Nas interfaces, a aparência de qualidade ("look") pode tornar-se tão importante quanto a expectativa de eficácia das interações ("feel"). Mas a linguagem HTML foi criada por cientistas que nunca a imaginaram como ferramenta de layout visual. Foram os designers gráficos que começaram a adaptar essas ferramentas para produzir documentos de qualidade parecidos com impressos, muitas vezes até forçando a barra com o uso de tabelas fora de contexto.

Atualmente, com a linguagem HTML5 e a versão 3 do CSS, é possível emular uma qualidade visual e uma densidade de informação que antes só eram possíveis no design gráfico. Entretanto, o projeto das interações pode ficar empobrecido se não levarmos em consideração a grande diversidade de proporções e tamanhos de telas e os dispositivos variados de acesso (Figura 9.3), assim como as larguras de banda. O design líquido e responsivo é hoje uma necessidade e pode resolver essa questão.

Figura 9.3. *Dispositivos variados para acesso ao jornal* O Globo.

Subsites

Em muitas ocasiões, as empresas entulham as suas home pages com lixo visual, banners, animações em loop e informações inúteis. Se o site é um portal corporativo, a equipe precisa fazer com que a informação relevante seja encontrada com toda facilidade. Portal é um site que serve de ponto de partida para outras destinações. A ideia é ser o lugar onde começa a ação. Os usuários devem ser capazes de encontrar links e navegar para sites internos e externos sem gastar tempo no portal da empresa propriamente dito, pois cada tipo de usuário tem as suas necessidades específicas e não gosta de perder tempo. Isso vale ainda mais para os usuários do governo, que acessam os seus sites institucionais para driblar a burocracia, para obter informações sobre seus direitos e deveres ou para pagar taxas. (Figura 9.4)

Em minhas pesquisas, foi importante dar destaque aos links para os subsites, pois aí é que estariam as destinações finais. Isso facilitaria as tarefas dos usuários que visitam os portais pela primeira vez e que dispõem de "tempo zero de aprendizagem", como apontou Nielsen.

Figura 9.4. *Você acha que o site do Detran-RJ apoia as necessidades do usuário com facilidade?*

Objetivos do usuário

As home pages precisam dar suporte às tarefas do usuário. O desafio é desenhar home pages que possibilitem suporte aos serviços, sem transformá-los em milhares de botões que sobrecarreguem a primeira página. É necessário manter o foco e a clareza, além da compreensão dos objetivos do usuário, o que não pode ser obtido na base do "achômetro", tão comum entre alguns designers e seus clientes corporativos. Infelizmente, nas corporações burocráticas e nas instituições do governo, muitas vezes a opinião do *hippo* (o gestor que tem o cargo mais alto na empresa) prevalece sobre os objetivos do usuário.

Para isso, o ideal é dar voz aos usuários e envolvê-los durante todo o ciclo dos projetos. O objetivo das interfaces humano-computador, como as de aplicativos e de sites, é prover as ferramentas tecnológicas necessárias para dar apoio às ações que os usuários precisam realizar na máquina. Por isso, uma das áreas mais importantes do estudo em ergodesign é justamente a análise de tarefas.

Equipes

O projeto de sites é um complexo trabalho de equipe, com implicações estratégicas. As organizações devem alocar recursos estratégicos – financeiros, técnicos e humanos – para o seu projeto de internet, a fim de não perderem o bonde da história.

Organizações que não aprendem a incorporar a rede a seus negócios acabam tendo problemas de competitividade, ainda mais nesses tempos pós-pandemia. Por isso, as empresas devem investir em equipes multidisciplinares de profissionais comprometidos com inovação e mudança.

Entre designers, redatores, arquitetos de informação, programadores, profissionais de marketing, educadores e especialistas em UX, é necessário dar destaque para o usuário, como efetivo membro da equipe. Coloque-o em workshops de cocriação. (Sim! Sem ele, o site será um emaranhado de ideias aleatórias a respeito dos negócios da empresa.)

Usuários avançados

Usuários avançados querem eficiência e rapidez, com o emprego de atalhos e de *shortcuts*, e minimizam a importância da interface visual. Uma parcela importante chega até os sites institucionais por meio de mecanismos de busca como o Google.

Especialistas em usabilidade defendem que mecanismos de busca específicos devem estar presentes nas home pages dos sites corporativos, sempre visíveis, amplos e simples. Além disso, os sistemas de busca por palavras-chave representam uma valiosa fonte de informações sobre os termos empregados pelos usuários e são fundamentais para a pesquisa de arquitetura de informação.

Usuários iniciantes

A democratização do acesso trouxe novos usuários e enormes desafios ao design, com a entrada da chamada classe C no universo do consumo de produtos digitais. Mas a revolução da informação ainda está inacabada.

É importante assegurar que parcelas crescentes da população possam ser incluídas na sociedade da informação e possam beneficiar-se das tecnologias com eficácia.

A meta do acesso universal aos serviços de informação e de comunicação é um grande desafio e não elimina aspectos relativos à usabilidade dos sistemas – pelo contrário, os reforça. A "usabilidade universal" já foi definida como tendo, no mínimo, 90% da população utilizando com sucesso os serviços on-line de informação e de comunicação. Nota-se que essa é uma meta audaciosa se transportada para países como o Brasil, com todos os avanços e também retrocessos recentes.

Nos tempos atuais, iniciativas democratizantes de empresas ou de alguns governos objetivam o acesso à internet em escolas primárias, bibliotecas e em locais públicos.

Desse movimento pode resultar a inclusão de mais pessoas das classes B e C, causando um alargamento nos perfis de uso, com a entrada de usuários iniciantes ou inexperientes, idosos ou de pessoas com menor escolaridade. A mudança poderá trazer novos desafios à meta de usabilidade dos sistemas da rede brasileira, principalmente nesses tempos pandêmicos. Daí ser importante que sites de informação e serviços dos governos, por exemplo, tenham boa usabilidade e adotem uma linguagem compreensível para a totalidade dos cidadãos.

Mais dicas para você

Para os estudantes que me acompanham, gostaria ainda de sublinhar que o erro fundamental seria considerar o projeto de sistemas interativos como algo relacionado apenas a máquinas e códigos, e esquecer o ser humano e o seu contexto. O designer não deve pensar que ele existe só para construir os sites em si, o seu papel é focalizar o relacionamento dos produtos com o ser humano. Mais do que desenhar ícones bonitinhos ou barras de menus coloridas, projetamos a experiência do usuário. Além disso, o profissional deve estar consciente de suas responsabilidades e evitar considerar aspectos meramente operacionais em seus projetos de interação. Em suma, ser um bom operador de Axure, Figma ou Adobe XD não é a mesma coisa que ser um arquiteto de informação ou UX designer.

Para as organizações e seus gestores, podemos afirmar que se, por um lado, cada vez mais indivíduos se têm agregado à audiência da tecnologia de informação, por outro lado, observa-se que muitos têm conhecimentos rudimentares de computação. O mercado de trabalho não lhes possibilita continuar de fora dessa revolução. Todos devem construir e manter suas redes de relacionamento no LinkedIn ou Facebook, além de colocar currículos ou portfólios on-line, mais ainda nos períodos de crise e recessão como os que passamos. Por isso, é para a totalidade dos cidadãos que as organizações e empresas de todos os portes devem direcionar os seus esforços, visando alcançar a universalização e evitar exclusões.

Hoje, o mais importante deve ser contribuir para que maiores parcelas da população brasileira possam ser incluídas na sociedade da informação e se beneficiar das suas tecnologias, assim como do aprendizado on-line.

As quinze lições descritas aqui dizem respeito ao trabalho das equipes de internet nas empresas (ao UX designer, ao arquiteto de informação, ao redator web, ao desenvolvedor ou ao gerente etc.), mas é evidente que não pretendem esgotar o tema nem se tornar mais uma lista de regrinhas.

São possibilidades de generalizações e formam, em seu conjunto, uma contribuição para o debate, tendo em vista a construção de conhecimentos nessa instigante e nova área de atuação.

capítulo **10**

A pirâmide da usabilidade

A noção de usabilidade pedagógica considera os objetivos
dos participantes do processo ensino-aprendizagem.

No capítulo anterior, mencionamos o valor do aprendizado on-line para os brasileiros. A educação é um processo rico que pressupõe diferentes tipos de interação, além da interação com interfaces de computadores. Existe pelo menos a interação professor-aluno, a interação aluno-aluno, a aluno--conteúdo e a professor-conteúdo, fora outras interações periféricas ao processo principal.

Durante um tempo eu tive a gratificante experiência de participar como designer de um projeto de educação on-line. Falo de um instigante projeto de educação a distância, que teve como objetivo treinar entrevistadores de campo para estabelecer valores comuns para o censo demográfico e a Pesquisa Nacional por Amostra de Domicílios (PNAD), do IBGE. Esse treinamento foi essencial para que milhares de pesquisadores, espalhados por todo o Brasil, pudessem desenvolver bem o seu trabalho de coletar dados demográficos e econômicos sobre o País. A experiência me inspirou a conhecer um pouco mais a fundo um conceito ainda pouco estudado: a usabilidade pedagógica. Com isso, pude levar tal tema para discussão no congresso da Associação Brasileira de Educação a Distância (Abed).

Na educação a distância, a usabilidade tem um papel muito importante. A professora Andrea Filatro, uma especialista em design instrucional, ensina em seus trabalhos que os alunos interagem com conteúdos, atividades e pessoas apenas depois de assimilarem o projeto visual e navegacional das interfaces.

Mas atenção! A usabilidade pedagógica não é a mesma coisa que a usabilidade técnica, pois envolve um estudo de questões complexas baseadas nas teorias da educação.

A usabilidade pedagógica é o olhar do design de experiência para o contexto específico de sistemas digitais empregados na educação. O novo conceito surgiu a partir da década de 2000, quando a importância dos contextos para o estudo da usabilidade já tinha sido devidamente compreendida. As questões específicas da educação com auxílio de computadores precisam ser bem-estudadas para compreendermos a complexidade e os critérios empregados na usabilidade pedagógica.

Por isso, autores como Muir, Shield e Kukulska-Hulme, da Open University, mostram que há quatro camadas na compreensão do conceito de *usabilidade pedagógica*: a camada *contextual*, a *acadêmica*, a *geral* e a *técnica* (Figura 10.1).

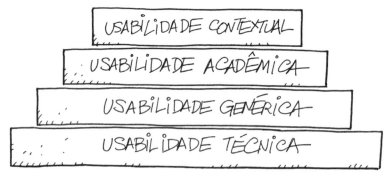

Figura 10.1. *Os quatro níveis da pirâmide da usabilidade pedagógica segundo o modelo de Muir, Shield e Kukulska-Hulme.*

- a *usabilidade contextual* se relaciona a cursos e a disciplinas;
- a *usabilidade acadêmica* trata de estratégias pedagógicas e questões educacionais;
- a *usabilidade geral* é comum à maioria dos sites e pressupõe fatores como clareza no design de navegação e acessibilidade;
- a *usabilidade técnica* é a que se refere a questões objetivas, como links quebrados e capacidade de resposta do computador servidor.

A usabilidade pedagógica é um conceito criado para ser utilizado sobretudo por educadores em contexto educacional. A noção de usabilidade pedagógica considera os objetivos educacionais dos diversos participantes do processo de ensino-aprendizagem (aprendizes, professores, administradores, tutores etc.). Sob seu olhar valoriza-se a observação do contexto de uso e recomenda--se que, além de aspectos técnicos, questões relativas ao processo educacional sejam consideradas, como mostra o gráfico anterior.

Nokelainen é outro autor que desenvolve estudos baseados no conceito de usabilidade pedagógica. Ele objetivou criar critérios de usabilidade para orientar os materiais de aprendizagem, principalmente on-line. Nokelainen viu a usabilidade de materiais de aprendizagem como grande favorecedora da concentração do estudante no conteúdo e não dispersa em aspectos técnicos do software e da interface. Para distinguir dois níveis de usabilidade, ele associou a *usabilidade técnica* à facilidade e eficiência do uso do sistema, e a *usabilidade pedagógica* à facilidade de aprendizagem do conteúdo instrucional oferecido pelo sistema.

Diversos estudos dedicam-se à observação do uso de interfaces digitais e tratam a usabilidade como uma característica dos sistemas a ser avaliada. Os testes de usabilidade, por exemplo, coletam dados para embasar o design de sites e aplicativos que sejam fáceis de aprender e que satisfaçam o usuário, auxiliando as pessoas a se tornarem efetivas e eficientes no que fazem. Esses testes procuram assegurar a qualidade do uso de um produto por um público-alvo de usuários. Rubin e Chisnell apresentam o teste de usabilidade como um dos principais métodos para a pesquisa de desenvolvimento de produtos ou serviços interativos. A usabilidade pedagógica, contudo, vai além: ela quer considerar a experiência do estudante durante o processo de aprendizado.

A questão da usabilidade pedagógica na educação a distância foi o tema da tese de doutorado de Isabella Muniz (da qual eu tive a honra de ser co-orientador). Isabella avançou bastante no estudo do tema, acrescentando a ele os novos olhares de sua inovadora metodologia de pesquisa: as entrevistas baseadas em cenários. Caso você queira trilhar o interessantíssimo caminho da educação a distância para aprofundar os seus estudos, no final do livro vai encontrar a referência à tese de Isabella.

capítulo *11*

Arquitetura de informação e a crise contemporânea

> *A definição da arquitetura*
> *de informação encontrou diversos*
> *questionamentos e ainda*
> *está em plena discussão.*

Hoje em dia, é válida a ideia de que vivemos em uma sociedade do conhecimento tal a importância da informação em nossas vidas e para os sistemas produtivos. Na verdade, vivemos em meio a uma avalanche, um excesso de informações. A crise contemporânea seria justamente a de como transformar informação em conhecimento. Mais informações deveriam representar mais oportunidades para compreender o mundo. Mas isso não é o que ocorre na prática.

Os meios de comunicação de massa, como o rádio, os jornais e a TV, além da própria internet, despejam em cima de nós volumes cada vez maiores de dados, de notícias e de *fake news* a velocidades estonteantes. Somos massacrados por informações e desinformação em quantidades impossíveis de serem processadas pelo ser humano.

Mistura-se a quantidade à baixa qualidade nas mídias sociais e de massa, em diversas ocasiões sem proveito concreto para o usuário das informações em termos de conhecimento construído. Quanto mais tentamos acompanhar essa corrida maluca, mais somos vulneráveis aos erros de nossa percepção.

Vários sites da web contribuem para alimentar a situação de *information overload* (sobrecarga de informação). Um deles é o do próprio IBGE, com a sua reconhecida superprodução de dados econômicos, demográficos e estatísticos – só para citar um exemplo clássico.

Foi o arquiteto Richard Saul Wurman que cunhou a expressão arquitetura de informação nos idos de 1970. O arquiteto de informação seria um indivíduo cuja missão é organizar os padrões nos dados e transformar o que é complexo (ou confuso) em algo claro para o cidadão em geral (o usuário das informações). A meta do arquiteto de informação é focar não só na *encontrabilidade* como também na *compreensibilidade* das informações, como pontuou Jorge Arango. Ele considerou que qualquer pessoa ou profissional pode assumir a responsabilidade pela arquitetura de informação, não importando o título que ostente no crachá.

Essa pessoa, o arquiteto de informação, seria responsável por mapear a informação e nos disponibilizar o mapa, propondo trilhas e rotas de modo que todos possamos criar nossos caminhos próprios em direção ao conhecimento.

Atividade emergente do novo milênio e que continua cada vez mais necessária, não importando os rótulos do mercado, a arquitetura de informação envolve a análise, o design e a implementação de espaços informacionais, como aplicativos móveis, sites, quiosques multimídia, bancos de dados e bibliotecas.

A visibilidade da arquitetura de informação se deu a partir da segunda metade dos anos 1990 e coincidiu justamente com o momento em que a internet atingiu massa crítica. Como se vê, a complexidade e a importância dos sistemas on-line fugiram por completo ao controle do velho webmaster (uma espécie de elo perdido dos arquitetos de informação).

A arquitetura de informação já foi vista como a união de três campos tradicionais: a tecnologia, o design e o jornalismo/redação. Entretanto, essa definição encontrou questionamentos por parte de diversos teóricos.

Podemos considerar que o campo da arquitetura de informação hoje está passando por uma redefinição, por isso continua havendo muitos debates para definir o seu escopo e o seu papel dentro do guarda-chuva maior da experiência do usuário. Agora, na era da experiência transmídia, da ubiquibidade computacional e da informação pervasiva, a arquitetura de informação pode ser vista como a atividade que projeta e constrói "os espaços feitos por informação" (e não exclusivamente websites), conforme propôs Jorge Arango. Esses espaços precisarão manter a sua coerência sob diferentes contextos e canais distintos. Portanto, o projeto da arquitetura de informação vai sempre pressupor a aplicação de um sofisticado e sólido pensamento sistêmico, para dar conta da complexidade.

A oportunidade que temos hoje é a de contribuir para a redefinição dos objetivos dessa instigante atividade, emblemática do século XXI. É sobre esse interessante debate que continuaremos conversando nas páginas a seguir.

capítulo **12**

Arquitetura de informação: que diabo é isso?

*Os conceitos que definem a arquitetura de
informação e a UX precisam ser mais bem
compreendidos, para que possam ser aplicados
com sucesso nos cursos universitários.*

As tecnologias de informação e comunicação têm alterado de maneira substancial o modo como a informação é organizada e acessada, assim como o volume de informação disponível para o acesso da humanidade. Por isso, não é surpreendente a emergência de uma nova atividade para lidar com essas questões, uma atividade que faz muito sentido no contexto da pós-modernidade: a arquitetura de informação.

Com o surgimento da chamada Web 1.o, foram criados milhões de sites e apareceram os gerentes multifuncionais – os chamados webmasters. Só que o tamanho, a complexidade e a importância desses sites para as empresas logo começaram a fugir ao seu controle.

Aí, logo apareceram as especializações como interaction designer, usability engineer, customer experience analyst e information architect que dividiram com o velho webmaster as novas e complexas responsabilidades. Com a explosão do comércio eletrônico, a partir dos anos 1990, e com a emergência da cultura participativa – uma característica fundamental da era Web 2.o! –, a arquitetura de informação foi alçada ao centro das atenções.

Entramos em uma nova etapa: a das interfaces naturais, da computação vestível, da mobilidade, da ubiquidade, do aprendizado de máquina e da pervasividade. Hoje, a arquitetura de informação continua sendo uma importante metadisciplina, independentemente dos novos rótulos que o mercado de trabalho use para defini-la. A arquitetura de informação é parte essencial do projeto da experiência do usuário (UX) e seu maior empenho é com a configuração, a implementação e a manutenção de espaços informacionais para o acesso humano.

Arquitetura de informação descreve o mix de competências requeridas para produzir recursos que expandem as capacidades humanas de localização das informações, definiu assim certa vez o *Journal of the American Society for Information Science and Technology*.

O pesquisador brasileiro Eduardo Ariel de Souza Teixeira, considerando o atual ecossistema de interações – complexo e sofisticado –, postula que a arquitetura de informação é a disciplina que surgiu para melhorar as nossas interfaces com o mundo das informações. Para isso, ela busca compreender a natureza das necessidades dos usuários e seus comportamentos como parte do diálogo humano-informação-tecnologia. Segundo o arquiteto Garrett, a arquitetura de informação diz respeito tanto ao projeto de conteúdo quanto ao projeto da experiência (UX).

Veja que o foco da arquitetura de informação é o design de ambientes informacionais que forneçam aos usuários os recursos necessários para transformar suas necessidades em ações e para atingir seus objetivos com sucesso, explica-nos Morrogh. Por isso, a arquitetura de informação pode ser abordada também pela perspectiva do ergodesign.

Para se tornar eficaz, a arquitetura de informação deverá atuar como uma instância mediadora entre os interesses dos usuários, do cliente, do time de design e da equipe de programação. No centro de uma complexa rede de ideias diferentes e de pontos de vista divergentes, o arquiteto de informação emprega seu arsenal de técnicas, combinadas a sua capacidade de comunicação interpessoal, para traduzir as necessidades e os objetivos dos usuários aos demais.

Mas será que todos entendem a arquitetura de informação dessa maneira?

Na primeira edição deste livro, mostrei os resultados de uma pesquisa realizada por meu colega Fabio e por mim, no meio acadêmico. O trabalho foi apresentado no Congresso Internacional de Pesquisa em Design, no Rio de Janeiro, e pretendíamos mostrar a necessidade de uma maior discussão acadêmica sobre o tema, a fim de que a arquitetura de informação pudesse ser mais bem compreendida e explicada em cursos de desenho industrial, comunicação social, biblioteconomia e de áreas correlatas. Perguntamos sobre o entendimento que as pessoas tinham sobre o termo na época e algumas respostas chegaram a ser cômicas.

As seguintes respostas foram as que mais se distanciaram dos conceitos comumente aceitos sobre arquitetura de informação: "montar e saber as funções de cada peça de um computador"; e "estruturas de metal que sustentam um outdoor". Na época, o resultado foi engraçado mas nos deu pistas de que faltava uma compreensão mais ampla dos conceitos relacionados ao campo da arquitetura de informação como processo interdisciplinar, tanto entre estudantes quanto entre docentes.

Essa situação está mudando bastante, como comprovam as teses de Flávia Macedo, da UnB; de Renata Zilse, da PUC-Rio; e de Guilhermo Reis, da Universidade de São Paulo (USP). Acrescente-se aí a tese de Robson Santos, da PUC-Rio, além da minha. José Guilherme Santa Rosa e Anamaria de Moraes publicaram ainda o livro *Avaliação e projeto no design de interfaces* com destaque para diversos métodos da arquitetura de informação, como o card sorting.

No campo da ciência da informação, as pesquisadoras Liriane Camargo e Silvana Vidotti lançaram *Arquitetura da informação: uma abordagem prática para o tratamento de conteúdo e interface em ambientes informacionais digitais*, resultado de pesquisas na Unesp. Silvana também publicou *Arquitetura de informação pervasiva*, em coautoria com Henry Oliveira e Virginia Bentes. Ariel Teixeira lançou seu livro, fruto de seu pós-doutorado no IBICT (Instituto Brasileiro de Informação em Ciência e Tecnologia), em que busca conceituar a arquitetura de informação. Além disso, em diversos grupos e comunidades nas redes sociais discutem-se textos e novidades do mercado e dos congressos técnicos ou acadêmicos.

De qualquer modo, ainda é importante compreender melhor os conceitos interdisciplinares que definem a arquitetura de informação, para aplicá-los com sucesso nos cursos de graduação e pós-graduação que pretendem formar designers digitais, produtores de conteúdo ou gestores de espaços informacionais.

No Brasil, milhões de novos usuários inseriram-se no mundo digital. A PNAD radiografou muito bem essa tendência, já visível nos lares brasileiros. Aliás, com a pandemia de covid-19, utilizar com eficácia os recursos da internet para todo tipo de atividade pessoal ou profissional passou a ser uma questão de sobrevivência para grande parte das pessoas. A importância da arquitetura de informação vem justamente desse crescimento da população de cidadãos comuns conectados aos espaços informacionais e das novas necessidades das empresas na economia global. Além disso, reflete a tendência de maior compreensão do comportamento humano e de sua experiência cognitiva, expressa durante a navegação nos sistemas de informação digitais.

A confusão entre apenas transmitir dados e criar mensagens com real significado pode ter tido origem na demasiada atenção dada a máquinas e na pouca atenção dada aos seres humanos. Essa compreensão é nova até certo ponto e foi o que determinou a necessidade de se criarem sistemas informacionais mais aceitáveis – que apresentem uma arquitetura de informação eficaz sob o ponto de vista humano. Esse é um objetivo que tem sido atingido passo a passo.

Os arquitetos Rosenfeld, Morville e Arango descreveram esse processo, que será um dos temas desenvolvidos nos capítulos a seguir.

capítulo *13*

Arquitetura de informação: um campo interdisciplinar

*Diferentes áreas de conhecimento
podem contribuir para o sucesso
da arquitetura de informação:
ciências cognitivas, design,
antropologia, engenharia
de software, ergonomia etc.*

A arquitetura de informação é a prática que se ocupa do projeto de espaços informacionais e de seus aspectos sociais, culturais e tecnológicos. Por isso, tem um papel fundamental na nossa sociedade. Entretanto, esse papel está passando por diversos questionamentos.

O campo da arquitetura de informação atualmente é objeto de debates e discussões e está sujeito a uma mudança de paradigma para identificar seu lugar em relação à nova ecologia da informação ubíqua e transmídia.

Hoje temos a clareza de que a tradicional noção da web como uma grande biblioteca e da internet como algo separado do mundo físico ou real deu lugar a um cenário mais complexo. Vivemos em um mundo pós-digital, em que a dimensão física se misturou por completo ao ciberespaço. Nosso uso, consumo e produção de informação tem se dado por meio de múltiplos contextos e dispositivos, seguindo coreografias instáveis e voláteis.

No decorrer da última década, a arquitetura de informação evoluiu para um enquadramento interdisciplinar e trabalha com problemas que são independentes de canais ou mídias específicas. Diferentes áreas de atuação podem contribuir para o sucesso da arquitetura de informação: psicologia, ciência da computação, biblioteconomia, educação, ciências cognitivas, design gráfico e desenho industrial, design instrucional, sociologia, antropologia, engenharia de software, modelagem e administração de dados, semiótica, linguística, ergonomia e IHC, entre outras.

A interdisciplinaridade da arquitetura de informação está presente e enunciada desde a famosa metáfora dos "homens cegos e o elefante", proposta por Louis Rosenfeld e Jess Mcmullin (Figura 13.1).

Figura 13.1. *Homens cegos e o elefante: uma metáfora para a interdisciplinaridade da arquitetura de informação (ilustração de Luiz Agner).*

O autor Peter Morville é um dos grandes defensores da visão holística para a arquitetura de informação. Ainda mais agora, quando surgiram novas e complexas ecologias informacionais, compostas por múltiplos serviços e dispositivos interconectados.

As frequentes discussões sobre rotulação e hierarquia de websites estão dando lugar, cada vez mais, a outros temas: construção de sentido, criação do senso de localização, design, arquitetura, transmídia, inteligência artificial, cognição etc., e suas aplicações à construção dos espaços de informação. Estes, lugares em que vivemos na maior parte de nossas vidas; é ou não é?

Independentemente do seu título formal, o arquiteto de informação é um profissional com atuação polivalente. Ou seja, ele deve entender muito de IHC, de análise de tarefas, de impacto organizacional e societal da tecnologia, de ergodesign e arquitetura de informação, de testes com usuários, de comunicação social, de pensamento sistêmico... Ufa, ninguém merece!

O marketing também deve entrar nessa roda. O bom marqueteiro é treinado "desde criancinha" para comunicar mensagens corporativas com eficácia para diversos públicos-alvo, tanto externos (na internet) quanto internos às organizações (nas intranets). Isso é importante para garantir que as mensagens sejam forjadas em "estilo centrado no usuário" e não orientadas a siglas e jargões da burocracia da empresa (eca!), a organogramas departamentais (podre!), ou a aspectos obscuros da cultura das organizações – que, como é provável, não interessam a ninguém, à exceção de um ou outro manda-chuva.

Bem, a essa altura já deu para você imaginar que existe uma forte dimensão diplomática na arquitetura de informação. O ideal seria dar voz às necessidades informacionais (e tarefas) dos usuários, durante todo o processo de design e de desenvolvimento. Um meio de fazer isso é trazer o usuário para dentro da equipe de trabalho, com o intuito de participar da tomada de decisão e interagir com os protótipos de interfaces em desenvolvimento durante a aplicação de testes de usabilidade.

O único senão é que, em algumas ocasiões, isso pode se tornar um angu de caroço. Por razões hierárquicas, presidentes, executivos das organizações e clientes revisam e aprovam as interfaces segundo seus critérios pessoais. E, sem dúvida, não gostam de abrir mão dessa prerrogativa.

Isso quando não surge simplesmente uma ordem "de cima" para inserir um baita pop-up do logotipo do programa "Auxílio Brasil" no meio da home page de um portal institucional destinado a outro público! A sensibilidade a aspectos políticos das organizações também é importante e propicia a capacidade de gerenciar melhor os impactos sobre a arquitetura e sobre a usabilidade.

O coitado do arquiteto de informação pode ficar entre a cruz e a caldeirinha, mas deverá respirar fundo e ter a consciência de que esse é o indispensável viés de diplomata que todos precisamos ter um pouco. Ao arquiteto de informação caberá a nem sempre fácil (e quase sempre espinhosa) missão de "traduzir" as necessidades informacionais e os objetivos dos usuários para os clientes, para os financiadores e para os demais membros da equipe.

capítulo **14**

Os componentes da arquitetura de informação

> *Grande parte do nosso entendimento*
> *do mundo se deve ao modo como nós*
> *organizamos a nossa informação.*

Você já parou para pensar em tudo que você precisa tratar, compreender, gerenciar e organizar todos os dias? Projetos, compras, processos, eventos, listas, gavetas, armários, instruções, datas, pagamentos, rotas, compromissos, senhas, conversas, ideias... Para dar conta de nossas vidas, precisamos aprender a desenvolver estratégias eficientes para superar a bagunça e o caos.

Graves confusões em nossas vidas podem ser causadas por carência de informação, por desinformação ou por excesso de informação. Para Covert, a arquitetura de informação é o conjunto de conceitos e ferramentas que vai nos ajudar a construir sentido com o objetivo de superar a barafunda em que podem se transformar as nossas interações com a informação.

A arquitetura de informação pode ser compreendida como quatro sistemas interdependentes, cada qual composto por regras próprias: sistemas de organização, de rotulação (ou nomeação), de navegação e de busca. O trabalho do arquiteto é justamente entregar à equipe de desenvolvimento as especificações detalhadas desses quatro componentes durante o desenvolvimento de sites ou aplicativos.

- *Sistema de organização* – Determina como são apresentadas a organização e a categorização do conteúdo.
- *Sistema de rotulação* – Define signos verbais (terminologia) e visuais (ícones) para cada elemento informativo e de suporte à navegação do usuário.
- *Sistema de navegação* – Especifica caminhos para o usuário se mover pelo espaço informacional, utilizando os hiperlinks.
- *Sistema de busca* – Determina as perguntas que o usuário pode fazer e as respostas que vai obter no banco de dados usando suas palavras-chave.

Sistema de organização

Conforme explica Covert, se pretendemos ser bem-sucedidos neste mundo, devemos encarar a informação como nosso material de trabalho e aprender a organizá-la de modo a nos ajudar a alcançar nossas metas.

Grande parte do nosso entendimento do mundo se deve à maneira como organizamos a informação (Figura 14.1). Os sistemas de classificação refletem nossas perspectivas políticas e sociais, como também os nossos objetivos. O papel do arquiteto é organizar as informações para garantir que os usuários obtenham suas respostas por meio de uma navegação intuitiva e com maior probabilidade de ser bem-sucedida.

No sistema de organização da arquitetura de informação, consideram-se as estruturas e os esquemas. As estruturas são o tipo de relação entre itens e grupos, que podem ser taxonomias, bancos de dados ou redes. A taxonomia é a hierarquia de opções de navegação. O banco de dados é uma coleção de dados arranjados para a facilidade e velocidade de recuperação. As redes são teias que podem conectar textos, dados, imagens, vídeos e áudio. Os esquemas são as regras para apresentação de itens específicos em uma página ou lista e podem ser classificados em ambíguos e exatos. Vamos falar mais detalhadamente sobre esses esquemas e estruturas em um capítulo adiante.

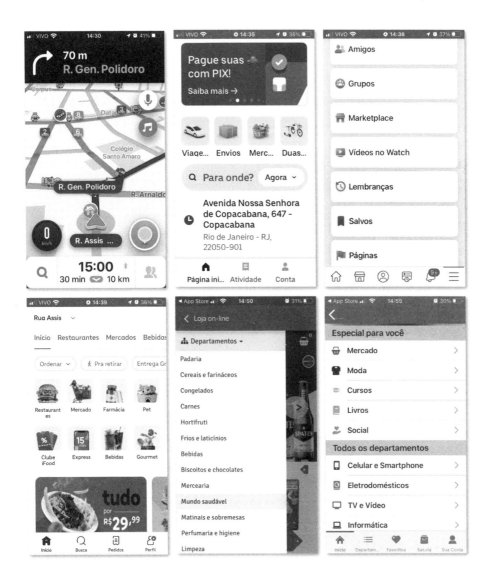

Figura 14.1. *Cada tipo de aplicativo tem um modo de organizar a informação que reflete o seu conteúdo (exemplos do Waze, Uber, Facebook, iFood, Prezunic e Magalu).*

Sistema de rotulação

Sistemas de rotulação de aplicativos ou sites são criados considerando-se o conhecimento da empresa, as convenções do domínio, o espaço disponível e a sua compreensão pelo usuário, entre outros fatores. Os rótulos podem ser textuais ou icônicos. Os primeiros se classificam em links contextuais, títulos, listas de opções e índices. Já os rótulos icônicos são imagens.

A linguagem falada é sobretudo um sistema de rótulos e teve início quando os primeiros humanos começaram a dar nomes aos animais, às plantas e às coisas. Graças à ambiguidade da linguagem, projetar sistemas de rotulação com boa compreensibilidade é a parte mais desafiadora da arquitetura de informação. Existem sinônimos, homônimos e diferenças de contexto que afetam a nossa compreensão. A coerência dos rótulos deve considerar sempre o estilo, a apresentação, a sintaxe, a granularidade, a completude e as audiências.

Sistema de navegação

A navegação é o movimento que se dá por intermédio dos hiperlinks, que traçam os percursos possíveis para o usuário dentro de um hipertexto. A camada de navegação é o local onde os usuários interagem com o objetivo de se deslocar. Essa camada tem se modificado enormemente nos últimos tempos, pois designers e desenvolvedores criaram estratégias como o design responsivo para enfrentar a crescente diversidade de dispositivos, tamanhos de telas e tipos de interação.

Como já mostramos, o sistema de navegação integrada compõe-se de três subsistemas: a navegação global, a local e a contextual (integradas ao próprio conteúdo dos sites) (Figura 14.2).

A navegação global, que mostra os links para as áreas-chave do site, em geral está localizada no cabeçalho ou no rodapé da tela. A navegação local dá acesso a subseções do site e a seus diversos subitens. Já a navegação contextual é a coleção de referências cruzadas que ligam as páginas a temas relacionados em outras seções ou informações a seus conceitos e definições.

Para ter uma ideia mais clara, vamos ver como essas diferentes navegações se manifestam na prática nos sites a seguir.

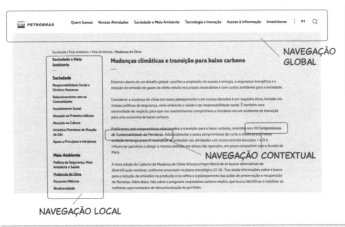

Figura 14.2. *Exemplos de sistema de navegação global, local e contextual da Fiocruz, Petrobras e Supermercados Prix.*

O sistema de navegação suplementar é formado basicamente por mapas do site, índices, guias e busca. Os mecanismos de busca constituem a parte central da navegação suplementar e o método favorito para muitos usuários que preferem utilizar suas próprias palavras-chave. (Tabela 14.1)

Tabela 14.1. *Sistemas de navegação integrada e suplementar na camada de navegação da arquitetura de informação.*

Sistemas de navegação	
Integrada	Global
	Local
	Contextual
Suplementar	**Básico:**
	Mapas do site
	Índices
	Guias e configuradores
	Busca
	Avançado:
	Personalização
	Customização
	Navegação social
	Outros

Formas de navegação avançada são a personalização, a customização e a navegação social. Personalização significa projetar páginas baseadas no modelo de comportamento, necessidades e preferências de um usuário individual. A customização proporciona controle direto sobre apresentação, navegação e conteúdos.

Por sua vez, com o advento das redes sociais massivas, a navegação social se tornou uma abordagem importante para estruturar informações que tenham a ver com seu perfil de uso. A navegação social constrói valor para o usuário segundo a observação dos outros, ainda mais aqueles com quem ele tem uma ligação. Exemplos são as listas de *"Top downloads"* e "Clientes que compraram este livro também compraram" (da Amazon) (Figura 14.3).

Sistemas de recomendação como os do Facebook e da Netflix se baseiam em algoritmos de machine learning (aprendizado de máquina) muito ricos e complexos, um segredo guardado a sete chaves. Esses algoritmos determinam o que vai aparecer no seu feed (no caso do Facebook) ou na sua página inicial (no caso da Netflix) e se apoiam no "grafo social" construído ao longo do tempo pelo usuário. Num capítulo à frente, conversaremos sobre como se dá a arquitetura de informação impulsionada por inteligência artificial.

Clientes que compraram este item também compraram

Cultura da Conexão: Criando valor e significado por meio da mídia...
Henry Jenkins
★★★★☆ 3
eBook Kindle
R$ 39,39

A galáxia da internet: Reflexões sobre a Internet, os negócios e a sociedade
Manuel Castells
★★★★★ 1
eBook Kindle
R$ 35,24

A cultura da participação: Criatividade e generosidade no mundo...
Clay Shirky
★★★★☆ 6
eBook Kindle
R$ 29,40

Marketing e comunicação na era pós-digital: As regras mudaram
Walter Longo
★★★★★ 6
eBook Kindle
R$ 27,88

Figura 14.3. *Exemplo de sistema de recomendação na loja Amazon. Clientes que compraram este livro que você tem em mãos também adquiriram esses outros.*

Sistema de busca

Dada sua importância específica para a navegação, a busca costuma ser destacada e apresentada como um sistema à parte. Os sistemas de busca são aplicativos nos quais os usuários digitam termos ou expressões na caixa de entrada para suprir sua necessidade de informação.

É possível utilizar linguagem natural ou operadores booleanos. As perguntas são cruzadas com um índice que representa o conteúdo, formado por todos os termos encontrados nos documentos ou por uma lista com títulos, autores, categorias e informação relacionada.

Registros mais aprimorados podem ainda conter metadados criados especialmente para representar cada um dos documentos, armazenados com os originais. Esses registros descritivos e administrativos explicam do que tratam os documentos. Quando as perguntas são cruzadas com esses campos, os resultados tornam-se muito úteis aos usuários que buscam informação.

capítulo **15**

Esquemas e estruturas na arquitetura de informação

Para organizar a sua informação,
invariavelmente você vai utilizar
estas estruturas e esquemas.
Melhor compreendê-los bem.

Conforme começamos a ver no capítulo anterior, as *estruturas* definem o tipo de relação entre itens e grupos: podem ser taxonomias (hierarquias), bancos de dados ou redes. Os esquemas são regras para apresentar os itens específicos para o usuário e podem ser classificados em exatos e ambíguos. O designer Shedroff nos fala que o primeiro passo para transformar dados em informação é começar a explorar os meios pelos quais ela deve ser organizada.

A informação pode ser algo infinito, mas os esquemas para organizá-la não são muitos e possibilitam que o usuário tenha uma visão de como está classificada toda a informação, de modo a dar-lhe previsibilidade e aumentar a sua compreensão. Quem explica muito bem os esquemas e as estruturas da arquitetura de informação são os autores Rosenfeld, Morville e Arango.

Esquemas ambíguos

Apresentam a informação segundo métodos que não têm uma definição precisa e que se baseiam na subjetividade. Se você procura regras claras, esqueça.

- *Por temas* – Os temas dividem as informações em diferentes assuntos ou perguntas a serem respondidas. Exemplos: editorias de jornais, capítulos de livros, cursos acadêmicos, supermercados.
- *Por tarefas* – Organizam o conteúdo por diferentes funções, objetivos ou processos. Utilizados em softwares e aplicações como comércio eletrônico, intranets, extranets e subsites. Exemplos: menus de aplicativos como *editar, inserir* e *formatar*.
- *Por público-alvo* – Adequado quando se precisa customizar conteúdos para diferentes audiências, quebrando o site em mini-sites segundo os interesses particulares. Exemplos: conteúdos específicos para funcionários, para empresários, para estudantes ou donas de casa.
- *Por metáforas* – Orientam o usuário de maneira intuitiva por meio de assuntos novos, relacionando-os aos já conhecidos. Exemplo: metáfora do desktop nos computadores pessoais.
- *Híbridos* – Quando são misturados elementos dos esquemas anteriores é normal que haja confusão uma vez que o usuário não forma um modelo mental do sistema.

Esquemas exatos

Dividem a informação entre seções bem-definidas e mutuamente excludentes, e tornam óbvia a localização de itens. São adequados para usuários que sabem o que procuram.

- *Alfabético* – Esquema básico para enciclopédias, dicionários e listas telefônicas, é usado nos índices A-Z de websites.
- *Cronológico* – Mostra em ordem cronológica os eventos. Exemplos: arquivamento de *press-releases*, diários e a sequência de posts de um blog.

- *Geográfico* – Dados econômicos, políticos, sociais (e diversos outros) podem estar vinculados a localizações geográficas. Exemplos: o aplicativo de trânsito Waze, a previsão do tempo, pesquisas populacionais do IBGE, um atlas impresso de anatomia.
- *Sequencial* – Ordena a informação por ordem de grandeza, valores ou pesos, em uma sequência de dados do maior para o menor, do mais caro para o mais barato, ou vice-versa. Exemplos: ordenação de preços, ranking de natação, maiores sucessos musicais e top downloads.

As **estruturas** de organização são divididas em taxonomias (hierarquias), bancos de dados e redes. Vamos detalhar aqui:
- *Taxonomias* (hierarquias) – Árvores genealógicas são exemplos de hierarquias, como também a divisão do mundo em reinos, classes e espécies e os organogramas empresariais. A taxonomia é a hierarquia de navegação e, se ela for mesmo adequada, não será notada pelo usuário. A classificação da informação de acordo com a taxonomia é o melhor jeito de começar um projeto de arquitetura. Se a taxonomia tiver um número demasiado de níveis hierárquicos, o navegante é obrigado a dar um número grande de cliques ou toques e pode ficar difícil encontrar a informação. Cinquenta links podem ficar adequadamente divididos entre oito categorias, com cerca de quatro a oito links por categoria. Ainda assim, é recomendável realizar testes de usabilidade para checar a validade das taxonomias.
- *Bancos de dados* – Uma base de dados é uma coleção de dados arranjados para a facilidade e velocidade de recuperação. É um conjunto de registros com diversos campos, como nome, endereço e telefone. Nos bancos relacionais, os dados são guardados em tabelas, nas quais as linhas são registros e as colunas são campos. Os dados de tabelas são ligados por uma série de chaves.
- *Redes* – São métodos de estruturar a informação de modo não linear. Seus componentes formam sistemas em rede ou teia, que podem

conectar textos, dados, imagens, vídeos e áudio. Estes podem se se ligar hierarquicamente, não hierarquicamente ou de ambas as maneiras. Essa estrutura flexível e complexa pode promover certa confusão, pois o usuário não forma um modelo mental da organização do site. Por isso, deve ser utilizado como estrutura complementar àquelas baseadas em hierarquias ou bases de dados.

Preste atenção aos seus dados e informações. Vamos falar de um erro clássico em websites, que já foi apontado pelo pesquisador Jakob Nielsen, entre outros. Evite usar a própria estrutura interna da empresa, o organograma, como princípio para a organização das informações. Esse erro, que pode parecer normal para o público interno, com certeza não fará o menor sentido para os visitantes externos. Um processo de classificação realizado com cuidado (com base em uma pesquisa de card sorting, por exemplo) faz com que os usuários encontrem o que procuram de modo intuitivo, sem serem obrigados a parar e ficar pensando em como realizar a busca.

capítulo **16**

O desafio da pesquisa

Nunca confunda o que você pensa que os usuários querem com o que os usuários realmente querem.

De acordo com os gurus da arquitetura Louis Rosenfeld e Peter Morville, o desenho (ou o redesenho) de espaços informacionais complexos deve ser precedido de pesquisas que antecedam um sólido planejamento estratégico de arquitetura de informação. Com as pesquisas, vamos conhecer a fundo os objetivos do negócio, dos usuários, assim como a ecologia informacional da organização.

Infelizmente, no mundo profissional atual, realizar pesquisas é fato incomum. Em muitas empresas, a simples pronúncia da palavra "pesquisa" causa arrepios burocráticos e imediatas reações de resistência. Certa vez, em uma palestra na UXConf BR, o designer Rafael Burity mostrou quais seriam as respostas-padrão de uma empresa fechada à ideia de fazer pesquisas:

– "Não temos tempo nem dinheiro para isso!"
– "Já sabemos tudo o que queremos."
– "Não podemos falar com o usuário."
– "O usuário não tem escolha, ele vai usar isto!"

Apesar de haver algumas razões por trás desses argumentos, o arquiteto de informação e o UX designer devem encontrar a maneira ideal de comunicar à organização a importância de desenvolver pesquisas com usuários.

Com a preferência pelos métodos ágeis de desenvolvimento de aplicativos, a janela para a inserção de pesquisas com usuários ficou reduzida, mas não inviabilizada, como nos explicam Jakob Nielsen e Hoa Loranger. Os autores sugerem que se usem os métodos "de guerrilha" para lidar com isso. São métodos de testagem focados em custos e agilidade que não utilizam laboratórios fixos, dispensam relatórios formais e amostras muito extensas.

Mas vamos ficar atentos: as pesquisas de arquitetura de informação vão requerer, em primeiro lugar, um belo quadro conceitual do ambiente no qual a informação é produzida e do qual se pretende que interaja com o usuário final. Para isso, podemos nos guiar pela figura, que apresenta um modelo de abordagem equilibrada, com as três dimensões da arquitetura de informação. Podemos chamá-la de modelo dos 3C, uma proposição livremente adaptada sobre as ideias dos papas Rosenfeld e Morville, conforme Figura 16.1, a seguir.

Figura 16.1. *O modelo dos 3C da arquitetura de informação.*

Contexto (organizacional): De acordo com o modelo da figura anterior, é crítico começar com um entendimento claro sobre os objetivos da empresa e sobre seu ambiente político e mercadológico.

Ignorar o contexto e a realidade empresarial do negócio é tão preocupante quanto ignorar os próprios usuários. Aqui vamos aprender um pouco sobre a organização. É lógico que nosso objetivo é o "projeto centrado no usuário" e não o "projeto centrado no executivo", mas também é importante adotar um adequado equilíbrio político e diplomático entre os objetivos da organização e os objetivos dos usuários.

Para alcançar esse equilíbrio, devem-se considerar fatores como a cultura organizacional, as estratégias, as metas de curto e de longo prazos, o plano de negócios, os aspectos financeiros, os recursos humanos, a visão dos formadores de opinião e dos *stakeholders* (grupos de pessoas influentes), os prazos e a infraestrutura tecnológica. Esses serão os fatores críticos para o sucesso do projeto. Ajuda muito uma visão crítica baseada na teoria das organizações, sobre a qual falaremos na última seção deste livro.

Conteúdo (informacional): A compreensão do que é o conteúdo é indispensável, por isso é importante realizar com cuidado todo o seu mapeamento. O conteúdo de um ambiente informacional "dos grandes" poderá incluir documentos, bancos de dados, metadados, tabelas, aplicativos on-line, serviços, imagens, arquivos de áudio e vídeo, animações, páginas pessoais, mensagens, games, notícias, relatórios, apresentações, e-books, planilhas e demais conteúdos atuais e futuros.

Muito estudo e atenção a eles! Talvez seja necessário fazer uma análise de similares da concorrência (benchmarking) para definir tudo o que seria desejável inserir no sistema e ainda efetivar uma avaliação heurística do conteúdo existente.

Comportamento (dos usuários): Essa é a dimensão fundamental. Segundo Deborah Mayhew, o princípio fundamental do projeto de interfaces – do qual derivam todos os outros princípios – é conhecer os usuários. Não há por que não considerarmos que esse princípio se estenda a todo o processo de UX design. É importante conhecer e aplicar as técnicas de pesquisa da ergonomia e usabilidade, por isso não basta uma olhadela nas navegações do usuário registradas no Google Analytics; é preciso ir mais fundo.

Com o objetivo de conhecer o comportamento dos usuários, e registrá-lo, nenhuma abordagem única de pesquisa será suficiente. Captar o comportamento dos usuários – com a compreensão de suas necessidades, prioridades, objetivos, modelos mentais e estratégias de busca de informações – representa um desafio multidimensional que pode envolver diferentes técnicas, sendo que a mais utilizada é o teste de usabilidade, do qual falaremos mais adiante.

Mas há outras técnicas igualmente populares, como o card sorting, as entrevistas com usuários, as personas, as observações de campo, o grupo de foco, a jornada do usuário etc. Essa fase da pesquisa é que investigará tanto as audiências quanto as tarefas, as necessidades, as experiências, o modelo mental e o vocabulário dos usuários. Um livro legal, que apresenta e comenta de maneira didática várias técnicas de pesquisa de UX e da arquitetura de informação, é o *UX research com sotaque brasileiro*, das autoras Cecília Henriques, Denise Pilar e Elizete Ignácio.

Na definição de amostras de participantes para entrar na pesquisa, deve-se estabelecer o balanceamento entre a visão tradicional da organização sobre quem são os seus clientes (por exemplo: empresários, jornalistas, administradores públicos, legisladores etc.) e as categorias que interessam ao UX design (exemplos: usuários experientes ou não em tecnologia, usuários de diferentes níveis educacionais e culturais, jovens, idosos, pessoas com necessidades especiais etc.).

Observe que a amostragem é um conjunto de procedimentos pelos quais se seleciona a amostra (uma parcela representativa) de uma população. Essa amostra pode ser probabilística ou não probabilística. No primeiro caso, todos os elementos da população têm uma probabilidade conhecida e diferente de zero de integrar a amostra. Na maior parte dos estudos de usabilidade, entretanto, a técnica de amostragem utilizada é do tipo não probabilística.

Para finalizar, vamos ressaltar qual é o maior desafio. No mundo atual dos negócios – competitivo e acelerado –, por vezes torna-se difícil convencer a alta administração das empresas a investir tempo (e dinheiro) em pesquisas para o embasamento de uma sólida estratégia de projeto. Por isso, segundo Rosenfeld e Morville, muitos gerentes e administradores confundem o que os usuários querem com o que seus superiores querem, e o que eles pensam que os usuários querem com o que os usuários realmente querem.

No próximo capítulo, conversaremos um pouco sobre uma das mais importantes e conhecidas técnicas de pesquisa: os testes de usabilidade. Até lá!

capítulo 17

Testando a usabilidade do seu produto ou serviço

*A observação sistemática dos
usuários é fundamental. Isso é o que
difere a mídia tradicional da mídia
interativa, e daí a importância
dos testes de interação.*

Segundo o arquiteto Wurman, informação deveria ser aquilo que nos leva
à compreensão. Mas não é isso o que acontece. Cada vez mais sentimos
ansiedade por causa do grande volume de informações que precisamos
gerenciar diariamente (e-mails aos quais temos de responder, tuítes, posts
no Face ou no Instagram, grupos no WhatsApp, notícias, pilhas de livros,
artigos ou e-books para ler, séries na Netflix...). Nesse contexto de abun-
dância, Jorge Arango elevou a compreensibilidade da informação a um dos
principais objetivos do arquiteto de informação.

O problema é que o gigantesco volume de informações disponíveis
hoje e o modo como tais informações são estruturadas e apresentadas ao
público tornam grande parte delas inúteis. O exagero típico na nossa era
apagou as diferenças entre dados e informação, entre fatos e conhecimento.

Esse fenômeno está na raiz da chamada "ansiedade de informação",
um mal-estar crônico provocado pelo buraco negro que existe entre os
dados brutos e o conhecimento. Essa pandemia, identificada por Wurman,
se manifesta como o medo de sermos "esmagados" pelo próprio material
de que tanto necessitamos para agir neste mundo: a informação.

A confusão entre transmitir dados e criar mensagens com significado pode ter tido sua origem na atenção demasiada dada aos computadores (máquinas) e na pouca atenção dada aos usuários (seres humanos). Isso aponta para o excesso de racionalidade tecnológica e econômica que em muitas ocasiões afasta o ser humano do centro da questão (falaremos disso nos últimos capítulos). Isso aponta também para problemas da usabilidade da interação humano-computador.

É justamente nessa hora que entra a ergonomia em defesa do usuário, lançando mão de uma de suas principais técnicas: a observação sistemática da interação homem-máquina, ou seja, do ser humano trabalhando. Estamos falando do teste de usabilidade, instrumento indicado para medir a taxa de sucesso da busca de informações e para pesquisar o comportamento dos indivíduos durante a interação com os sistemas computadorizados.

O teste de usabilidade surgiu no lendário laboratório PARC da Xerox e foi aplicado a primeira vez pela equipe de cientistas que desenvolveu o computador Alto, com o objetivo de definir quantos botões deveriam ser colocados em um mouse. Até o final dos anos 1970, só profissionais de tecnologia ou aficcionados interagiam com computadores. A partir de 1980, com o surgimento do computador pessoal, diversos softwares – como editores de textos, planilhas e games – transformaram qualquer habitante do planeta em um usuário potencial desses sistemas, evidenciando os seus problemas de usabilidade.

Nesse período, a IHC recebeu o aporte da ergonomia – também conhecida como *human factors engineering* – que pode ser definida como uma disciplina científica que trata da interação entre homens e tecnologias. Segundo Anamaria de Moraes, a ergonomia nasceu preocupada em adaptar equipamentos, ambientes e tarefas aos aspectos de percepção sensorial e aos limites de memória, atenção e processamento de informações, tanto quanto a características cognitivas de seleção de informações, resolução de problemas e tomada de decisão. A ergonomia desenvolveu diversas técnicas de análise das interações humanas em ambiente industrial e para a aviação, tendo passado a enxergar a interação com computadores como um dos seus maiores desafios.

Os testes de usabilidade funcionam assim: registrados em vídeo ou em áudio, usuários interagem com um sistema em laboratórios equipados para checar a eficiência das interfaces de uso. Os testes de usabilidade são empregados na indústria de software, no desenvolvimento de sites e apps, na telefonia móvel, entre outras aplicações (Figura 17.1).

Testes com usuários devem incluir uma variada gama de audiências. É importante mesclar testes com pessoas familiarizadas e não familiarizadas com os aplicativos, já que os experts e os novatos demonstram comportamentos diversos e às vezes opostos, como também pessoas de idades e educação ou origem cultural diferentes.

Figura 17.1. *Teste de usabilidade realizado em um dispositivo móvel. Há diversos aplicativos que podem ser empregados para esse fim: Lookback, Mobizen, AZ Screen Recorder ou TechSmith Camtasia. Para testes remotos, os próprios apps de videoconferência quebram um bom galho (Foto: Luiz Agner)*

No caso da web, é possível espalhar testes por áreas distintas dos sites e por diferentes níveis de sua arquitetura informacional. Métricas podem incluir o número de cliques, número de telas visualizadas, acessos à ajuda ou o tempo investido para encontrar informações. É fundamental escolher bem as tarefas a serem realizadas pelos participantes.

Em um artigo para publicação do IBICT, eu coloquei que, ao planejar um teste, devemos definir se será um teste de laboratório, de campo ou remoto (um teste on-line a distância). O teste de campo é o mais indicado para conhecer a performance do produto no mundo real, no campo (avaliação somativa). O teste de laboratório é o melhor para avaliações formativas (para identificar problemas de usabilidade durante o processo de desenvolvimento). Sobre o teste remoto, falaremos um pouco mais à frente.

Como se pode ver, há técnicas com certo grau de sofisticação inerentes ao trabalho do arquiteto ou do UX designer à disposição. O profissional deve se preocupar com o modo como o usuário interage com o conteúdo e o seu contexto. A observação sistemática é fundamental: nas telas de computadores, ao abrir e fechar janelas e ao deslizar elevadores, ao tocar em telas *touch-screen*, as relações da informação expressam-se, temporariamente, como parte dos movimentos e das interações do usuário. É nisso que difere a mídia impressa da mídia interativa, e daí a importância dos testes de interação.

Uma coisa superimportante, que já deu para você notar: na mídia digital, a arquitetura é de interação além de ser de informação. E seria melhor que fosse chamada assim mesmo, para explicitar de uma vez os conceitos de que falamos e com os quais diversos autores trabalham – com a devida licença de Wurman, é claro, pois ele cunhou a expressão original. Nesse caso, poderíamos utilizar a abreviação AI2 para identificar arquitetura de informação e de interação – uma sigla bem ao estilo das *buzzwords* da internet. O que você acha?

O termo design de interação também costuma ser empregado para pensarmos além da simples usabilidade das telas. Se você quiser ir mais fundo no conceito de design de interação, indico o livro de Preece, Rogers e Sharp para uma visão ampla, e o de Eduardo Ariel Teixeira para uma discussão conceitual.

Bem, ficamos combinados assim: fecharemos agora a janela do navegador e vamos correndo contar a novidade para os nossos colegas de trabalho, juntamente com uma ideia genial para apresentarmos ao cliente na próxima reunião – a ideia de que o usuário também conta e que deve ser levado em consideração no projeto dos ambientes informacionais. Na moral!

Algumas ferramentas para captura de telas:

- LookBack – https://lookback.io/usb
- Camtasia – https://www.techsmith.com/camtasia.html

Para testes remotos:

- Google Meets – http://meet.google.com/
- Zoom – http://zoom.com

capítulo **18**

Analisando tarefas e testando interfaces

> *Os participantes dos testes devem executar tarefas reais. Devem ser as tarefas que eles normalmente executam em seu trabalho ou em suas casas.*

A essa altura você já deve saber que a observação de pessoas trabalhando é fundamental nos estudos que envolvem a ergonomia, a exemplo dos testes de usabilidade (a mais importante ferramenta metodológica do designer de experiência). Para otimizar atividades humanas na interação com sistemas e para aprimorar o desenho de suas interfaces – estejamos aqui falando de aplicativos móveis, quiosques de informação, sistemas de autoatendimento, assistentes pessoais, de bibliotecas ou websites –, devemos observar como as pessoas trabalham e como elas utilizam as máquinas.

A análise de tarefas é uma abordagem que surgiu com Gilbreth e Taylor, os precursores da chamada "administração científica", entre o final do século XIX e o início do século XX. Essas técnicas iniciais se restringiram às tarefas psicomotoras repetitivas e seu estudo objetivou criar eficiência na produção industrial. A meta era determinar a sequência ótima de ações e reduzir a atividade improdutiva do trabalhador. A administração científica recebeu enormes críticas por focalizar apenas a eficiência do trabalho do operador e não seu conteúdo social ou a satisfação das pessoas.

No entanto, o estudo dessas interações extrapolou bastante os limites de sua aplicação original já que hoje uma população muito maior interage com as interfaces tecnológicas não necessariamente para o trabalho produtivo mas também com finalidades sociais, educacionais ou de entretenimento.

Na ergonomia, o termo *tarefa* se aplica sempre a uma unidade de atividade, em uma situação de trabalho ou interação. Uma tarefa pode ser imposta a um indivíduo ou pode ser determinada por sua própria vontade. Uma tarefa requer mais de uma operação física ou mental para ser completada. É uma atividade não trivial e em alguns casos complexa, tendo sempre um objetivo definido.

Os testes de usabilidade são técnicas segundo as quais os usuários interagem com um produto ou serviço, em condições controladas, para realizar uma tarefa com objetivos definidos em um cenário de utilização. São meios de estimar a performance dos usuários e a sua satisfação subjetiva com os produtos da tecnologia.

Esses testes foram evoluindo com o tempo e houve uma época em que a tendência passou a ser a simulação dos ambientes originais de uso − como salas de aula, residências ou escritórios − e não mais o emprego de frios laboratórios de pesquisa (Figura 18.1). Hoje em dia, com a predominância das comunicações móveis e dos aplicativos para smartphones ou tablets, muitos testes de usabilidade são realizados no contexto original de uso, ou seja, em campo.

Nos testes de usabilidade, os participantes devem ser os usuários-alvo dos produtos. Aí, você observa e grava tudo o que os participantes fazem ou dizem, depois analisa os dados, faz o diagnóstico, enumera os problemas encontrados e indica as recomendações para solucioná-los. Seu objetivo será melhorar a usabilidade do produto e aprimorar o processo de design e desenvolvimento, de modo a evitar que os mesmos problemas voltem a acontecer.

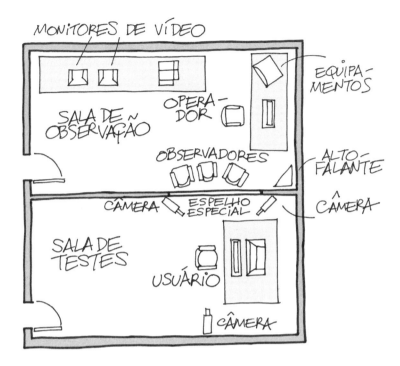

Figura 18.1. *Planta com configuração-padrão para um laboratório de testes de usabilidade.*

Estas são algumas situações em que é aconselhável aplicar os testes de usabilidade:
- Caso você esteja interessado em verificar a facilidade de navegação de menus de um aplicativo móvel, é possível criar rascunhos de cada tela em papel (ou semi-interativos, usando o Sketch, o Invision ou o Marvel) e testá-los (Figura 18.2).
- Talvez deseje saber se a interface que desenhou tendo em vista usuários novatos de um sistema de música on-line também será aceita pelos usuários mais experientes, por exemplo.
- Você pode querer pesquisar a facilidade de instalação de um produto pelos técnicos das empresas que vão adquiri-lo.

- Ou, então, talvez, você se interesse em saber se as secretárias de seus clientes conseguirão repassar documentos para seus gerentes por um novo aplicativo de e-mail corporativo (para isso, você realizaria testes diretamente com representantes desse público-alvo, ou seja, as secretárias).

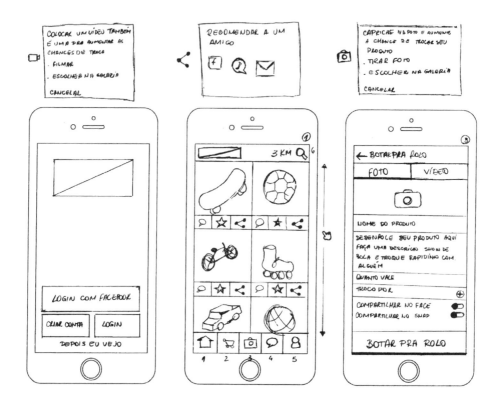

Figura 18.2. *Este é um exemplo de um protótipo em papel (um sketch ou rabisco) do aplicativo Desenrola, criado por meu orientando de ergodesign Renan Andrade. Apesar da baixa fidelidade, um simples sketch como estes pode ser submetido a um teste de usabilidade.*

O teste de usabilidade é um método de pesquisa, pressupõe planejamento. É importante pensar no seu objetivo, na hipótese, em montar o roteiro e não sair fazendo tudo de qualquer jeito, sem organização. É bom frisar que os objetivos específicos de cada teste vão definir quais serão os participantes e quais tarefas serão executadas. Como regra, os participantes devem representar usuários reais, ou seja, devem ser membros do grupo que utiliza ou que vai utilizar o produto.

Um teste em que você convida seus colegas programadores ou designers para usar um produto dirigido a secretárias de controle de estoque da indústria naval não pode ser considerado um teste de usabilidade, é picaretagem! Se os participantes do teste não forem usuários dos aplicativos, será difícil ver o que acontecerá quando o produto estiver em uso no mercado – o que poderá causar o seu fracasso comercial.

Portanto, devemos definir direito a amostra de participantes dentro do perfil desejado. Um macete para isso, caso você não disponha de verba para investir em uma empresa de recrutamento, é colocar uma chamada no Instagram. Muitas vezes, a pessoa que se dispõe a realizar o teste é um amigo. Aí você deve pedir para ela indicar outra pessoa, que indica outra... Depois de uns dois ou três pulos, uma pessoa "comum" acaba sendo escolhida. Então, devemos aplicar um questionário de pré-recrutamento para ver se a pessoa se encaixa no perfil; a segunda etapa da seleção pode ser feita por WhatsApp ou telefone mesmo.

Fazer o teste de usabilidade com um amigo, com a sua mãe ou um colega de trabalho é inócuo, pois não necessariamente eles fazem parte do público-alvo, e podem não ter a isenção necessária. Os participantes do teste devem executar tarefas reais, aquelas que os usuários iriam executar em seu trabalho ou em casa. Isso significa que você deve compreender o trabalho do usuário e suas tarefas.

Mas, atenção: redigir de modo adequado o cenário de uso e as tarefas do plano de um teste de usabilidade – para não causar tendenciamento – é uma arte! Veja aqui alguns exemplos de tarefas, criadas por meus alunos de publicidade e propaganda, para o planejamento dos testes do aplicativo de entrega de refeições iFood. (Tabela 18.1)

Tabela 18.1. *Roteiro de teste de usabilidade com três tarefas (aplicativo iFood).*

Roteiro de teste de usabilidade (aplicativo iFood)	
Cenário	Você e a galera foram para a casa de um amigo. Entre risadas e histórias, bateu aquela fome. Nada na geladeira, e muito menos vontade de interromper a conversa para ir à rua comprar comida. Isso não é problema, já que você tem o iFood instalado no seu smartphone.
Tarefa 1	Como vocês estão na casa de um amigo, que tal trocar o endereço que já está registrado no seu aplicativo? Como você faria?
Tarefa 2	Vocês estão com bastante fome e nada melhor que procurar as pizzarias por perto. Escolha uma pizza bem saborosa, acompanhada de uma bebida.
Tarefa 3	Agora que você já escolheu o que vai pedir, vamos finalizar a compra?

Elisa Volpato, arquiteta de informação especialista em testes de usabilidade, nos passou uma dica. Na redação do cenário de uso e das tarefas, é importante ser coloquial, falar a linguagem do usuário. Se você quer testar o botão "Salvar como Favorito", deve criar uma historinha: "Você gostou deste produto, mas não quer comprar agora. Como faria para guardar para mais tarde, e fazer a compra em outro dia?" Deve-se evitar mencionar o nome do link para não entregar de cara a resposta. E não se esquecer de adaptar o cenário ao gênero e às especificidades de cada pessoa!

No teste, os usuários são observados – um de cada vez – enquanto trabalham com o produto. Deve-se registrar tudo o que os participantes fazem e dizem. É importante gravar a sua performance, o seu comportamento e seus comentários em vídeo. Pede-se a opinião dos usuários, que também pode ser registrada em questionários logo após o término das tarefas. Note que observar o comportamento dos usuários e gravá-lo é o que distingue o teste de usabilidade de outras técnicas de pesquisa. A opinião do usuário é importante, sim, mas não mais do que a própria observação da maneira como se comporta e das suas estratégias ao executar tarefas reais.

Durante o teste, o usuário deve ser instruído a dizer o que está pensando e fazendo, em voz alta. Como essa não é uma atitude natural, o avaliador precisa estimular o participante com perguntas como "O que você está pensando agora?" ou "Tem algo nesta interface que você gostaria de comentar?". Esse método é conhecido como "protocolo de pensamento em voz alta".

Existem sempre questões éticas na condução de testes. Em primeiro lugar, é preciso deixar claro que se está testando a interface e não o próprio usuário. Essa perspectiva deve orientar a conduta geral do pesquisador. Além disso, a simples ideia de participar de um teste pode amedrontar algumas pessoas. Por isso, os usuários não devem ser constrangidos, sob hipótese nenhuma, a participar de um teste.

No teste de usabilidade tradicional é importantíssima a etapa da moderação. Devemos tomar cuidado com os protocolos e seguir o roteiro. Também devemos nos controlar para não reagir ao comportamento do outro, temos de ser "zen"... Se fizermos as perguntas de um jeito errado, induzindo o usuário, depois não conseguiremos mais consertar. É um exercício de desapego (ainda mais se o projeto testado for o seu!).

Um número grande de participantes seria o mais desejável para realizar testes de uso de interfaces. Mas, por questões de custo e de tempo, adotamos na prática um número bem menor. O pesquisador Jakob Nielsen defendeu certa vez que com apenas cinco usuários na amostra seria possível identificar cerca de 80% (ou mais) dos problemas críticos de uma interface (Figura 18.3). Por isso, cinco é o número mínimo com que se costuma trabalhar.

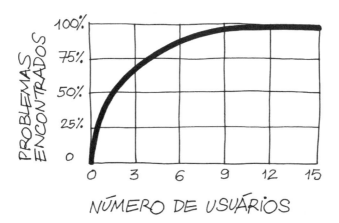

Figura 18.3. *Problemas de usabilidade detectados × Número de participantes da amostra.*

Essa prática enxuta é chamada por alguns de "usabilidade de guerrilha" ou "usabilidade com desconto", e por outros de "lean UX". É adequada para os métodos de desenvolvimento com enfoque ágil, principalmente se aplicada na avaliação de protótipos em papel.

Após a coleta dos dados, deve-se proceder à análise quantitativa e qualitativa das observações registradas e dos comentários dos participantes para fazer o diagnóstico. Os dados coletados em um teste de usabilidade são sistemáticos, possibilitam comparações entre os participantes e são ricos em diversos tipos de informações. O teste é bem-sucedido no momento que ajuda a aprimorar o produto, assim como o processo.

E quanto aos equipamentos necessários? Você pensou em um laboratório com espelhos especiais? Software de *data logging*? Câmera e editor de vídeo? Um relatório formal? Bem, saiba que nada disso é de fato necessário para um bom teste de usabilidade, viu?

Os testes de usabilidade podem ser tanto formais quanto informais. Por exemplo: ao testar um sketch (rabisco), pode-se ter um menor número de participantes, menos tarefas avaliadas e menos informações quantitativas medidas, ao mesmo tempo que se produz um relatório menos formal (ou apenas o eliminamos!). Em todos os testes de usabilidade, entretanto, os fatores críticos já descritos e o processo geral se aplicarão.

Muita atenção: os testes de usabilidade nunca devem se limitar a um teste "burocrático" no final do processo, realizado com o único intuito de "validar" o produto. Eles devem permear todo o ciclo do design de UX ou todo o processo estratégico de arquitetura de informação.

Portanto, olho vivo, faro fino... e mãos à obra!

capítulo **19**

Classificando cartões com card sorting

Classificar é um mecanismo
cognitivo natural que ajuda
a dar uma ordem ao mundo
a que o indivíduo pertence.

Nas páginas anteriores falamos de duas técnicas essenciais de pesquisa utilizadas pelos designers de UX e arquitetos de informação: os questionários e os testes de usabilidade. Agora, não podemos deixar de falar também um pouquinho de card sorting. Mas, afinal, o que vem a ser card sorting?

É uma técnica bastante empregada para prover entendimento sobre os modelos mentais dos usuários a respeito dos espaços de informação que nos ajuda a estruturá-la em aplicativos, sites e outros produtos digitais. Seu objetivo é verificar se a arquitetura desses espaços faz sentido sob o ponto de vista da compreensão dos usuários, já que nem sempre o que parece óbvio para os projetistas é óbvio para os usuários. A técnica é rápida, barata e confiável, e serve de base para estruturas, menus, navegação e taxonomias (um nome bonito para as hierarquias dos itens de informação) (Figura 19.1).

Card sorting também pode ser chamado de classificação (ou categorização) de cartões. Categorizar, ou classificar, é agrupar entidades (objetos, ideias, ações) por semelhança. Categorizar é um mecanismo cognitivo natural que empresta ordem ao mundo físico e social a que o indivíduo pertence, simplificando sua interação com este mundo. Um conjunto de informações pode ser organizado de várias maneiras, seguindo diferentes modalidades de organização. Em tempos remotos, quando ainda havia locadoras de vídeos, entrávamos e podíamos perceber a categorização, ao observarmos que os títulos dos filmes eram agrupados por gêneros (aventura, policial, musicais, terror, cult etc.) ou por diretores (Hector Babenco, Rosselini, Tarantino, Woody Allen etc.). Dependendo dos clientes da locadora, escolhia-se a classificação mais adequada.

Figura 19.1. *Apesar de empregar avançados algoritmos de aprendizado de máquina, a Netflix ainda mantém a sua taxonomia tradicional baseada nos gêneros do cinema.*

A ideia básica do card sorting é simples: se o objetivo é as pessoas encontrarem as coisas que procuram no seu site ou aplicativo, você deve organizar os conteúdos com base no que elas sabem previamente sobre esses conteúdos. A organização de uma loja de roupas deve refletir o modo como as pessoas acham que as roupas são organizadas (Figura 19.2).

Figura 19.2. *A taxonomia de uma loja on-line de roupas deve ser criada com base no modelo mental de seu público-alvo a respeito do espaço informacional.*

Segundo Nielsen, um erro clássico nos websites corporativos é organizar a informação com base em como as empresas enxergam a própria informação. Isso resulta em diferentes subsites, um para cada departamento ou para cada provedor interno de informação. Vamos pensar melhor nas categorias, gente! Para prevenir isso, deve-se aplicar sempre a técnica do card sorting no projeto de um novo aplicativo, na criação de uma nova área de uma intranet ou no seu completo redesign (Figuras 19.3 e 19.4).

Enquanto o teste de usabilidade é um método de avaliação de produtos ou serviços interativos, o card sorting é um método de formação de estruturas para fundamentar a construção desses espaços.

O card sorting pode ser de alta fidelidade (quando são usados sistemas, como o OptimalSort, em que os dados são produzidos on-line e tratados estatisticamente) ou de baixa fidelidade (opção tradicional, como mostra a foto da Figura 19.5, mais adiante, em que cartões são produzidos em papel e distribuídos aos participantes).

Figuras 19.3 e 19.4. *Nas fotos, a aplicação da técnica de card sorting para estruturar o conteúdo de um e-commerce.*

Apesar de defender que, para os testes de usabilidade, cinco usuários são suficientes, Nielsen recomenda que o número seja de pelo menos quinze participantes para aplicação do card sorting. É que o modelo mental e o vocabulário das pessoas podem variar muito, por isso, para obter um resultado mais confiável, é necessário um número maior na amostra. Realizar o card sorting significa percorrer os seguintes passos:

- escrever os nomes (e uma breve descrição opcional) de cada item de informação em pequenos cartões de papel;
- misturar bem os cartões e entregá-los para o usuário;

- solicitar ao participante que agrupe os cartões em pilhas, colocando juntos os que, para ele, pertencem ao mesmo grupo. O usuário pode criar tantos grupos quantos quiser. Os grupos podem ser pequenos ou grandes;
- como alternativa, solicitar que o participante crie grupos maiores e mais genéricos, juntando os grupos menores. No final, pode-se pedir ao participante que nomeie as pilhas. Ao nomeá-las, ele fornecerá ideias de palavras ou de sinônimos que podem ser usados nos rótulos, links, títulos e na otimização de mecanismos de busca.

O processo descrito é o do card sorting aberto, que é o mais comum. O card sorting pode ser aberto ou fechado, individual ou em equipe. No aberto, os usuários podem criar quantos agrupamentos desejarem e rotular à vontade esses agrupamentos. Note que não há respostas certas ou erradas. No fechado, você já apresenta grupos previamente definidos e os participantes apenas associam os cartões a esses grupos.

A técnica empregada em equipe (de três a cinco pessoas) pode ser útil para você acompanhar os debates que surgem sobre como agrupar e classificar os cartões, mas o processo aplicado de maneira individual a diversos participantes é melhor para ter uma amostra variada de modelos mentais de classificação.

Para analisar os resultados, você deve:
- identificar o esquema de organização dominante (se for um site de receitas, a maior parte de suas categorias baseia-se em ingredientes? Pratos principais? Culturas? É normal que um sobressaia);
- ajustar a consistência da nomenclatura;
- analisar categorias singulares;
- analisar o todo. (Os rótulos são adequados? Há categorias muito extensas, que precisam ser subdivididas?)

Como já mencionamos, o card sorting pode ser manual, no qual o pesquisador tem contato direto com o usuário, ou remoto, no qual o pesquisador utiliza sistemas on-line (como o OptimalSort).

A análise dos resultados pode ser qualitativa (exploratória) ou quantitativa. É indicada a análise qualitativa quando as categorias e os participantes não são muito numerosos. Já a análise quantitativa baseia-se em estatísticas e é indicada no caso de o número de participantes ser elevado, quando podem ser usados sistemas para criar automaticamente diagramas e tabelas.

Nas figuras a seguir vemos exemplos de um card sorting realizado com análise quantitativa para a faculdade Facha, em que eu utilizei o sistema OptimalSort.

Figura 19.5. *Cartões para card sorting feitos on-line pelo OptimalSort para informação de uma faculdade. Note que logo abaixo do rótulo de cada cartão há uma breve explicação sobre o seu conteúdo. Particularmente, eu prefiro a inserção dos números de cada cartão no verso, para que não influenciem o usuário.*

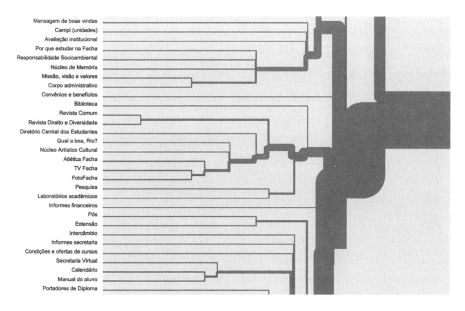

Figura 19.6. *Gráficos estatísticos (dendogramas) fornecidos automaticamente pelo sistema OptimalSort.*

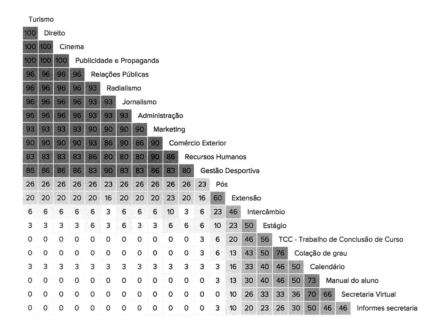

Figura 19.7. *Exemplo de matriz de similaridade de dados elaborada estatisticamente pelo sistema OptimalSort.*

Existe também uma planilha, criada pela arquiteta de informação Donna Spencer, para dar suporte a análises exploratórias com card sorting. Essa planilha (que está disponível para download gratuito) torna possível a entrada dos dados coletados em cada sessão com usuários, e gera suas correlações.

O grande ganho do card sorting é organizar a informação da perspectiva do usuário. Após o refinamento, você chegará a uma taxonomia. Ela é simplesmente um sistema de organização hierárquico, sendo muito útil para a busca por navegação (*browsing*).

E se você tiver feito o trabalho de modo adequado, ninguém sequer vai perceber que essa tal de taxonomia existe.

capítulo **20**

A etnografia que inspira a UX

*Designers de UX podem se basear
em observações de campo para aprofundar
as suas descobertas.*

A etnografia, que é um termo emprestado da antropologia e sociologia, significa um estudo imersivo e sistemático em culturas humanas. Ela se baseia na observação de interações humanas em um dado ambiente ou em uma atividade social e está associada ao acompanhamento de pessoas em seu contexto cultural.

O olhar da etnografia pode ser aplicado ao design como embasamento de suas decisões de projeto. Para Van Dijk, o "design etnográfico" é um processo para estudar, em profundidade, a vida cotidiana e as experiências das pessoas às quais um determinado projeto se destina. O chamado design etnográfico possibilita que a equipe trabalhe, segundo a perspectiva dos usuários, para criar novos projetos. Os designers devem utilizar o entendimento advindo da etnografia na formação de ideias e na implementação das soluções de projeto.

Conforme colocam as pesquisadoras Cecília Henriques, Denise Pilar e Elizete Ignácio, em seu livro *UX research com sotaque brasileiro* (que eu tive a honra de ilustrar!), a apropriação da etnografia pelo design pode ajudar a gerar conceitos mais significativos e a compreender melhor a relação das pessoas com os objetos do dia a dia –, construindo insights para o desenvolvimento de produtos realmente eficazes, universais e atemporais.

As técnicas inspiradas em etnografia também podem ser aplicadas ao UX design. Os autores Burke e Kirk mostram uma série de razões pelas quais a etnografia passou a ser importante para a UX; são elas:

1 – O estudo etnográfico é um meio poderoso de identificar as necessidades do usuário e avaliar um sistema ou aplicativo proposto pelo olhar do usuário.

2 – Com a observação etnográfica, é possível descobrir a verdadeira natureza do trabalho. É muito comum os usuários desempenharem tarefas de modo diferente do que lhes foi prescrito pelos seus chefes. No caso de uma coleta de dados demográficos realizada em domicílios e assistida por mobile, por exemplo, a etnografia é capaz de evidenciar que os entrevistadores empregam linguagem informal ou popular ao enunciar as perguntas da entrevista de maneira diferente do que está escrito no questionário eletrônico.

3 – Outra vantagem do estudo etnográfico é que se ganha um alto grau de compreensão do usuário e se pode defender o seu ponto de vista com conhecimento de causa.

4 – A natureza aberta da etnografia proporciona o registro de revelações às vezes surpreendentes sobre como um aplicativo é utilizado na prática.

Sim, a etnografia pode ser definida como a descrição de uma cultura e do sistema de significados culturais de um grupo – conforme explicaram Cecília, Denise e Elizete. Entretanto, se o objetivo da etnografia social é compreender como o indivíduo ou grupo interage em sua cultura, na etnografia para o design de sistemas o objetivo é outro: verificar como um sistema é utilizado na experiência real.

A etnografia para o design de sistemas vai identificar os problemas e os efeitos do sistema na cultura específica do local para descobrir possibilidades de desenvolvimento dentro daquela atividade. Os métodos etnográficos produzem informações qualitativas, como declarações, impressões, opiniões e descrições do ambiente e de pessoas.

Segundo Burke e Kirk, há termos empregados em IHC que, por vezes, são considerados quase sinônimos de etnografia, com pequenas variações:

- estudos de campo – termo utilizado no sentido de etnografia;
- investigação contextual – método focado no modo de dirigir perguntas ao usuário;
- estudo observacional – olhar o usuário em seu contexto de trabalho sem fazer perguntas;
- observação participante – realizar as atividades cotidianas de trabalho, lado a lado com o usuário.

Gostaria de apresentar agora um exemplo prático desse tipo de pesquisa, com base na experiência da minha amiga Patricia Tavares, analista de sistemas, que trabalhou no desenvolvimento de um questionário para o dispositivo móvel de apoio à pesquisa PNAD Contínua. Essa é uma das mais importantes pesquisas domiciliares do Brasil, em que os entrevistadores vão às residências das pessoas caso o domicílio seja sorteado na amostra. O projeto foi objeto da dissertação de mestrado de Patricia.

Deram-se acompanhamentos com equipes de pesquisadores em saídas de campo, em um trabalho inspirado em etnografia, nos quais o aplicativo móvel de coleta de dados podia ser observado em plena atividade. O objetivo era desvendar possíveis problemas e compreender as dificuldades e as vantagens da coleta de dados assistida pelo aplicativo móvel, além de saber como ele impactava o comportamento do entrevistador e do informante. Para isso, Patricia e eu acompanhamos diversas entrevistas domiciliares.

Uma dessas entrevistas foi realizada no município de Tanguá, área com características rurais no interior do Rio de Janeiro. O foco da atenção foi observar a experiência do usuário (no caso, do entrevistador), que utilizava um aplicativo móvel em seu contexto de uso. O baixo contraste da tela do aparelho com a luz solar foi um dos primeiros problemas percebidos (Figura 20.1).

A seguir, um trecho de relatório com as nossas observações de campo.

Figura.2o.1. *O dispositivo da PNAD Contínua sob a incidência da luz solar: legibilidade ruim. (Foto: Luiz Agner)*

Relatório de observações de campo

Gláucio era um dos coordenadores de pesquisa da PNAD Contínua. Ele propôs acompanharmos uma entrevista domiciliar na região de Tanguá, onde, em geral, são coletados dados de setores que, apesar de considerados áreas urbanas, apresentam características marcadamente rurais.

Seguimos os três em um veículo, acompanhados de Ubiratan, um entrevistador bastante tagarela. No caminho, sem parar de falar, ele informou que não era comum haver carros disponíveis para ir a setores afastados. Gláucio enfatizou que os veículos existentes eram prioridade do censo demográfico.

No decorrer da viagem, percebemos que as características urbanas, como asfalto, meio-fio, placas e edificações, aos poucos foram escasseando e dando lugar às características de uma região rural. Em um dado momento, Ubiratan percebeu que tínhamos passado de um supermercado, o último ponto de referência para a entrada no setor.

Aí adentramos uma estrada de terra e fomos observando a quantidade de sítios que apareciam no caminho. Em vários pontos, pudemos passar em meio ao gado e a pés de laranja. Ubiratan comentou que essa era a paisagem típica, pois o município é grande produtor de laranjas. Apesar de ser inverno, o sol estava muito forte e o céu, azul. Passamos por diversas poças d'água e notamos que, se estivesse chovendo, não conseguiríamos chegar ao setor de destino caso o veículo não contasse com tração nas quatro rodas.

Cerca de meia hora depois, com dificuldade e algumas voltas perdidas por entre alamedas sem calçamento nem placas, em meio a densas plantações e áreas de pasto, Ubiratan localizou um dos domicílios selecionados. Estacionamos o veículo sob uma sombra, em frente a uma casa bem simples, com detalhes de sua pintura e reboco descascando. Um cachorro começou a latir, parando logo em seguida. Um arbusto com flores enfeitava o lado de fora da casa e uma gaiola com um passarinho estava pendurada na parte da frente do alpendre, por onde passeava um galo.

Um morador chegou à porta. Ubiratan se identificou como pesquisador da PNAD e pediu licença para fazer a entrevista domiciliar.

O cidadão ficou um pouco desconfiado, mas aceitou a abordagem. Era um homem calmo, que trajava uma bermuda surrada, chinelos e estava sem camisa. Tinha músculos bem-definidos e a pele curtida de sol, aparentava uns 40 anos. Revelou ser lavrador.

Ubiratan buscou uma sombra na varanda e sentou-se na mureta, acompanhado do dono da casa. Após pedir e beber um copo d'água, ele abriu o aplicativo e começou a usá-lo − sem dar uma palavra – para inserir os dados preliminares da entrevista. O informante demonstrava paciência e, ao mesmo tempo, certa curiosidade, aguardando as perguntas. A entrevista começou por volta do meio dia e quinze (Figura 2o.2).

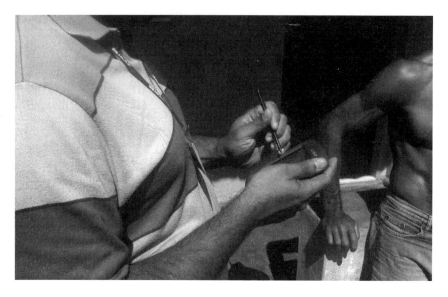

Figura 2o.2. *O entrevistador da PNAD utiliza o dispositivo móvel para gravar as respostas do informante. (Foto: Luiz Agner)*

Ubiratan foi empregando o seu palavrório simples e, assim, conseguiu ganhar a confiança do informante para obter os dados de que precisava. O lavrador ficou um pouco envergonhado ao responder quanto ganhava por mês. Disse que, às vezes, não ganhava dinheiro porque perdia toda a lavoura. Ele respondeu com educação a todas as perguntas, mas não compreendeu uma que indagava se ele gostaria de trabalhar mais horas por dia. Talvez porque já trabalhasse bastante.

Na hora de responder ao questionário relativo à sua esposa, o lavrador a chamou para ajudar. Ela nos disse que voltou a estudar à noite e que ia de bicicleta para a escola. Trabalhava como empregada doméstica; ganhava cerca de R$ 350,00 mensais. Ubiratan acabou não perguntando quem era o responsável pelo domicílio e ficamos sem saber se ele apontou o lavrador ou a esposa no questionário eletrônico.

Enquanto corria a entrevista, eu e Luiz íamos registrando nossas observações por escrito. Percebemos que as pessoas eram simples, mas educadas. Um segundo homem de meia-idade que não se identificou e a filha do casal, de cerca de uns 10 anos, uniram-se ao grupo na varanda, demonstrando curiosidade. No quintal, circulavam galinhas e patos, e o galo começara a cantar. Tivemos a impressão de que aquela família consumia quase tudo o que plantava. A entrevista durou cerca de 45 minutos; depois disso nos despedimos, tiramos algumas fotos e fomos embora.

Na volta, já no carro, em resposta a uma indagação de Luiz, Ubiratan comentou que as últimas alterações realizadas no aplicativo, sugeridas pelos nossos estudos de usabilidade, melhoraram a interação e o novo teclado virtual havia ficado bem melhor (Figura 20.3).

Figura 20.3. *Estudos para o projeto do questionário eletrônico da pesquisa PNAD Contínua (gentilmente cedidos por Patricia Tavares).*

capítulo **21**

Arquitetura de informação: uma arte em evolução

*Em pouco tempo, quase todos os objetos e
utensílios poderão estar conectados à internet.*

O designer e mentor do Google Accelerator, Adriano Renzi, escreveu uma tese de doutorado para a Escola Superior de Desenho Industrial. Ali ele mapeou as principais transformações do cenário da experiência do usuário com as quais vamos nos deparar em um futuro próximo – logo, logo! Adriano empregou a chamada técnica de pesquisa Delphi (muito usada na prospecção de futuros) para entrevistar especialistas de todo o País e do exterior sobre as novas tecnologias de interação. Diversas instituições renomadas e pessoas que publicaram estudos sobre o tema foram contactados. Na tese, Adriano concluiu o que se relata a seguir.

Em um cenário para os próximos cinco anos, o computador de mesa desaparecerá. Tablets flexíveis, telas inteligentes e a computação vestível darão o tom das interações do nosso dia a dia. A informação e as interações possivelmente vão "vazar" dos aparatos que conhecemos. As interfaces serão projetadas no espaço tridimensional e quase todos os displays se tornarão interativos.

Algumas tecnologias de fato inovadoras já começam a surgir: maquiagem e unhas interativas, tintas condutoras que transformam uma folha de papel em um controle de games, microrrobôs cirurgiões etc. Com as impressoras 3D, diversos negócios passarão da produção em massa para a produção sob demanda. O design industrial e o marketing vão se segmentar e se dirigir a nichos cada vez mais específicos – uma radicalização acentuada do fenômeno que o autor Chris Anderson chamou de "cauda longa".

Embora seja uma tarefa arriscada prever o futuro, os entrevistados de Renzi afirmaram que, em dez anos, quase todos os objetos e utensílios poderão estar conectados à internet, trocando dados entre si e, assim, propiciando diversos tipos de interação. Óculos, pulseiras, relógios e outros acessórios de uso pessoal, sempre conectados, se tornarão bastante populares. A ubiquidade computacional vai atingir a sua maturidade. Paredes, geladeiras, parabrisas de automóvel, quase tudo poderá converter-se em telas e interfaces para a interação gestual ou com comandos de voz. Sistemas de GPS como o Waze serão projetados no para-brisa do automóvel (isso já ocorre em certos modelos elétricos, como o Ionic da Hyundai, somente para citar um exemplo). A cultura do compartilhamento fará com que as pessoas não se interessem mais em adquirir produtos ou ter objetos – elas vão querer apenas "utilizar" as coisas.

Games avançarão com iniciativas de realidade virtual e mista – como o Oculus Quest, da empresa Meta –, com a consequente "gameficação" de quase todos os serviços.* Haverá uma revolução total nas práticas de leitura e de aprendizagem. Dispositivos que exijam de você apertar botões serão considerados coisa do passado, pois as interfaces naturais evoluirão para muito além da linguagem de sinais do corpo.

Os poucos cenários que podemos prever, e os muitos de que não fazemos nem ideia, impactarão fortemente os conceitos e as técnicas do UX e da arquitetura de informação – estes em constante debate e evolução.

---

* Na cultura digital, uma evolução foi o surgimento dos metaversos, ambientes em que pessoas usuárias interagem social e economicamente por avatares, com finalidades que vão do entretenimento à saúde, sem esquecer a educação e o trabalho. Os metaversos seriam, portanto, uma evolução natural das atuais redes sociais e da internet.

Apesar de ainda representar somente um plano estratégico para o futuro, a Meta – proprietária do Instagram, WhatsApp e outros – tem investido bilhões de dólares na construção desses mundos gerados por realidades virtuais, aumentadas ou mistas.

Por outro lado, seus críticos apontam que se trata de um conceito vago, criado por megacorporações, sem funcionalidades úteis para os usuários e com objetivos manipulativos. Ou seja, a ideia de metaverso seria simplesmente uma bobagem destinada a impulsionar o consumismo.

Rumamos a passos largos do mundo fundado na década de 1980 – o do computador pessoal – para um mundo com incontáveis dispositivos conectados em rede para cada habitante do planeta. Um prato feito para a coleta de dados e para o emprego da inteligência artificial.

Com o advento da internet das coisas, não só devemos considerar a interação humano-tecnologia mas também a interação tecnologia-tecnologia, que passa a dar as cartas em uma nova sociedade. Fortalece-se cada vez mais o papel e a intervenção dos atores não humanos – impondo-nos a sua lógica –, como já havia alertado o sociólogo Bruno Latour. O enorme volume de informações produzidas e de dados rastreados e compilados, por todos os dispositivos e objetos em rede, poderá ser utilizado e compartilhado por diversos aplicativos, processadores e sensores. Todos estes estarão conectados à nossa volta, extraindo dados que serão tratados por algoritmos de machine learning, para o bem ou para o mal, considerando a nossa liberdade e privacidade.

Como se vê pelo cenário traçado por Adriano, passaremos por uma radical era de mudanças, em que a disponibilidade ubíqua de dados e informações amplifica a conexão entre seres humanos, e também entre os humanos e os objetos, assim como entre os objetos em si.

Para o guru da arquitetura de informação, Peter Morville, em seu livro *Intertwingled*, cada nova onda de mudanças – web, mídias sociais, mobilidade, internet das coisas – faz crescer o grau e a importância da conectividade, e acelera o ritmo das transformações sociais. Nesse contexto histórico, é fundamental para o arquiteto de informação desenvolver ainda mais a sua apurada visão sistêmica. Tudo vai estar interconectado em um grande ecossistema: do código à cultura.

Trabalhamos em um cenário de crescente complexidade. Logo, nessa era de experiências *omnichannel*, narrativas transmídia e sistemas de produtos e design de serviços, não tem mais nada a ver ficar só desenhando taxonomias, wireframes ou fluxogramas, nem se limitar ao papel de um simples operador de Adobe XD ou Figma (ou seja lá qual for a ferramenta da moda). Não podemos nos esquecer de realizar as análises aprofundadas, compreender o comportamento das pessoas, mapear a jornada do consumidor no ambiente on-line e no off-line, bem como analisar os impactos sobre o organograma e a gestão das organizações. Esse é o novo papel do arquiteto de informação e do profissional de UX.

A jornada da experiência do consumidor envolve interagir tanto com aparatos digitais quanto com partes fora do sistema digital (como no caso de uma viagem de turismo, um mapa impresso). Começamos a nos aproximar muito do design de serviços, por ser importante projetar a experiência em sua totalidade, digital e analógica. Segundo Renzi, hoje quem pensa em UX de maneira abrangente (além da interação com produtos digitais) está cada vez mais relacionando-o ao design de serviços. Em seus projetos internacionais para corporações de tecnologia, consumo e seguros, Adriano enfatiza que as entregas têm sido essencialmente *blueprints* de serviços (gráficos que possibilitam visualizar as diferentes relações entre os componentes de um serviço), acompanhados de análises que envolvem seus impactos na gestão ou na própria transformação da cultura dessas companhias.

A verdade é que os mundos físico e digital não estão mais separados, eles eventualmente se mesclam em uma experiência que permeia ambos ao mesmo tempo.

Nesse novo cenário, o arquiteto Jorge Arango enumera os três princípios que formam a base de sustentação da nova arquitetura de informação:

- é uma atividade que projeta lugares construídos com a linguagem;
- deve manter a sua coerência sob diferentes contextos e dispositivos;
- precisa estar fundada no pensamento sistêmico, pois os diversos produtos e serviços interagem entre si, em diversos canais.

No seu manifesto pela arquitetura de informação pervasiva, os autores Andrea Resmini e Luca Rosati explicam que as arquiteturas de informação não fogem à noção de ecossistema. Isso quer dizer que, quando as diferentes mídias e os diferentes contextos estão superinterconectados, nenhum artefato ou dispositivo pode ser considerado uma entidade isolada. Cada artefato é elemento pertencente a um ecossistema.

Vamos conversar um pouco mais sobre a nova arquitetura de informação no próximo capítulo. Até lá.

capítulo **22**

Arquitetura de informação pervasiva

Os ambientes físicos e virtuais estão muito integrados,
e a arquitetura de informação agora é holística.

Vivemos a era do "download do ciberespaço", como já foi colocado por André Lemos. A noção de arquitetura de informação "pervasiva" foi apresentada pelos autores Andrea Resmini e Luca Rosati no livro *Pervasive information architecture.* É um conceito que está sendo construído sobre a constatação da hibridização cada vez maior entre os lugares físicos e os virtuais. Em ambos, as pessoas trabalham, se divertem e convivem.

Entende-se por "pervasivo" aquilo que tende a vazar, a se espalhar completamente, a penetrar e a se infiltrar por toda parte, como a água de uma represa que se rompeu. Assim é a informação digital, ainda mais com o surgimento da chamada internet das coisas, da mobilidade, da ubiquidade (os computadores hoje estão onipresentes) e com a conectividade generalizada por wi-fi ou 5G. A informação digital vazou da web e invadiu toda a sociedade, o mundo material e a cultura.

Essas questões têm suscitado a "mudança de paradigma" (quer dizer, de modelo) no campo da arquitetura de informação. De agora em diante a arquitetura de informação passa a dialogar de perto com o design de experiência do usuário (UX), com a computação ubíqua e com o design de serviços. É a busca por novos caminhos.

No cenário acelerado das mudanças tecnológicas, o comportamento dos consumidores também está se transformando. Os usuários não só buscam, acessam e usam a informação. As pessoas, desde o advento da Web 2.0 (com a sua cultura participativa, as mídias sociais, os wikis...), também citam, criam, reinterpretam, editam, mixam e recriam a informação, via diversos canais interconectados. Os usuários tornaram-se *prosumers* e a informação, transmídia. Lembro: *prosumer* é o termo criado por Alvin Toffler para designar os que são usuários e produtores ao mesmo tempo. Ou seja, todos nós!

Os ambientes físicos e virtuais, analógicos e digitais estão muito mais integrados, e a arquitetura de informação passou a considerar a nova experiência sob a perspectiva holística, pervasiva e ecológica. Muitas vezes a experiência de interação com serviços, marcas, produtos ou informação começa no ambiente digital, em algum site, blog ou post. Depois, ela pode evoluir para o ambiente físico, em um catálogo impresso, livro ou loja de shopping, para retornar em seguida ao ambiente digital por meio de diversos canais de venda convergentes entre si, com links mútuos. As narrativas das marcas tendem a ser transmídia, como nos ensinou Henry Jenkins em seu livro sobre a cultura da convergência.

Um exemplo concreto para entendermos melhor

Marcia é minha amiga esotérica. Adora terapias holísticas, cristais, receitas florais e ioga, e ficou sabendo pela reportagem de uma revista semanal de uma nova técnica de massagem recém-trazida da Índia. Com uma URL impressa ao fim do texto, acessou um blog na web sobre terapias alternativas, que trazia o link para o centro de terapias holísticas em sua cidade. No site, cadastrou o seu e-mail e passou a receber mensagens semanais de e-mail marketing, avisando de eventos, palestras e encontros relacionados à nova técnica. Em uma das mensagens veio o número de WhatsApp de um dos especialistas, que ela acessou para marcar uma sessão de massagem. Gostou bastante da experiência e a nova técnica fez muito bem para a sua dor na coluna. Resolveu solicitar ao terapeuta a dica da trilha sonora utilizada durante a sessão, que ela considerou bem relaxante. O terapeuta pegou o seu Iphone e, com auxílio de um aplicativo que identificou a música pelo rastreamento de suas ondas sonoras, compartilhou o link de uma loja virtual com Marcia pelo Facebook. Em casa, Marcia clicou no link e acessou a versão em vídeo do Youtube, na qual encontrou a fanpage do centro de terapias, repleta de conteúdos interessantes e treinamentos. Ouviu outras excelentes playlists e baixou um e-book para conhecer um pouco mais os benefícios das diversas terapias alternativas. Daí em diante estabeleceu contato permanente com um grupo de clientes pelas redes sociais e já pensa em realizar um curso on-line oferecido pelo centro.

O novo conceito da arquitetura de informação pervasiva surgiu porque, primeiro, as diferentes mídias convergiram e se entrelaçaram com força total. Hoje, nenhuma mídia está isolada. Celular, smart TV, tablets, notebook, relógios inteligentes, pulseiras, e-mails, redes sociais, podcasts, aplicativos etc., tudo conversa entre si. Ou seja, está sendo construída uma ecologia complexa. Os conteúdos de informação tornam-se eternamente inacabados com o fim da tradicional distinção entre leitores e autores. Apagam-se as fronteiras entre as mídias e as linguagens se hibridizam. O design de produtos torna-se design da experiência do usuário. E a arquitetura de informação?

A arquitetura de informação pervasiva tornou-se um tema pós-moderno. Ela se preocupa com o design de experiências transmídia em ecologias informacionais complexas. Ela projeta e constrói espaços de informação e dá ao usuário o senso de localização dentro da ecologia. Além disso, ela sugere conexões na ecologia e com outras ecologias. Isso tudo sem esquecer a encontrabilidade, a usabilidade, a acessibilidade da informação.

Como vocês podem ver, UX e a arquitetura de informação pervasiva têm muito mais pontos comuns do que podíamos imaginar...

capítulo **23**

Heurísticas da arquitetura de informação pervasiva

Essas são as principais noções heurísticas da arquitetura de informação pervasiva, às quais podem ser acrescentadas outras, velhas conhecidas.

Já vimos aqui algumas heurísticas. Conforme eu falei, heurísticas são diretrizes genéricas, ou sugestões, baseadas na experiência prática. Dão um norte, apontam um caminho geral, mas não são doutrinas.

Com isso em mente, os autores Andrea Resmini e Luca Rosati nos apresentam as suas cinco heurísticas para a arquitetura pervasiva:

- *Construção de lugares* – A arquitetura de informação pervasiva, assim como a arquitetura física, precisa se preocupar em projetar e construir ambientes, e estes são compostos de informações. Nesses ambientes o usuário vai efetivamente se movimentar e se localizar, sem correr o risco de ficar perdido. Para isso, é importante dar força para a legibilidade e para a encontrabilidade, considerando que o lugar construído pode ser digital, físico ou até mesmo transmídia.
- *Consistência* – A arquitetura de informação pervasiva precisa ter consistência interna e externa. Deve manter a sua lógica em diversas mídias, ambientes, experiências e momentos de interação distintos.

- *Resiliência* – É a capacidade de a arquitetura de informação adaptar-se a diversas situações e se modificar para atender a diferentes tipos de usuários e a qualquer modelo de busca. Releia agora os modelos de navegação já apresentados neste livro; reveja os de Donna Spencer, Shneiderman, Spool...
- *Redução* – Essa é uma característica importante da arquitetura pervasiva. Ela deve poder gerenciar grandes quantidades de informação, mas sem sobrecarregar cognitivamente o usuário. Precisa minimizar o estresse e a frustração associados à obrigação de fazer escolhas em um volume cada vez maior de informações, produtos e serviços. O usuário sofre uma carga cognitiva extra (que precisa ser reduzida) para adaptar sua percepção às surpresas dos conteúdos *crossmedia* e transmídia.
- *Correlação* – A arquitetura de informação pervasiva deve também sugerir conexões relevantes entre peças de informação, produtos e serviços, para que os usuários possam concretizar suas metas e ter estimulada a satisfação de outras necessidades. A ecologia ubíqua está aí para sugerir as correlações.

Essas são as principais noções heurísticas da arquitetura de informação pervasiva, às quais podem ser acrescentadas algumas outras, velhas conhecidas mas igualmente importantes, como a usabilidade, a acessibilidade e a interoperabilidade.

capítulo **24**

Por dentro da inteligência artificial

*Os sistemas de machine learning interpretam
um grande conjunto de dados e decidem
quais são nossas melhores escolhas.*

Não só a arquitetura da informação, mas quase tudo tem sido impactado pelo emprego da inteligência artificial, notadamente os sites e os aplicativos com os quais interagimos no nosso cotidiano. Com o advento da web 3.0 e a incorporação da ciência de dados pelas grandes plataformas, o emprego de algoritmos de inteligência artificial tem sido tema de debates e trabalhos acadêmicos no campo da UX. As empresas de internet estão travando uma guerra para contratar talentos na área de inteligência artificial por causa do seu enorme potencial de aplicações no futuro. Mas o que seria exatamente essa tal de inteligência artificial?

Segundo o Grupo de Especialistas em Inteligência Artificial da Comissão Europeia, os sistemas de inteligência artificial são software e hardware que agem de acordo com a percepção do seu ambiente, por meio da aquisição de dados. Esses sistemas interpretarão os dados coletados, processarão as informações derivadas desses dados, e então decidirão as ações a serem tomadas para atingir o seu objetivo. Os sistemas de inteligência artificial também podem ser encarados como programas que adaptam o seu comportamento à análise de como o ambiente é afetado pelas suas ações anteriores.

A inteligência artificial vai estudar princípios matemáticos a serem aplicados ao aprendizado para que os computadores possam aprender. Os seres humanos podem realmente ensinar as máquinas a aprender.

Segundo já explicou Yoshua Bengio, um grande pesquisador da inteligência artificial, um programa tradicional é o processo que insere na memória do computador um conhecimento existente, passo a passo. Mas temos de levar em consideração que as máquinas também podem ser programadas para aprender por conta própria. Isso quer dizer que o computador pode receber de nós uma receita geral que habilitará o seu aprendizado. Nesse caso, a única coisa que vai variar serão os dados, ou seja, os exemplos do mundo que são inseridos na memória do computador.

Na real, o aprendizado do ser humano não é uma simples decoreba (um acúmulo de dados). É uma adaptação do nosso comportamento em resposta a estímulos provindos do nosso ambiente. Aprender significa integrar as informações que obtemos por nossa experiência para tomar decisões mais acertadas, compreender as conexões entre as coisas e presumir o que poderá acontecer no futuro.

Guardadas as devidas proporções, a mesma coisa acontece no caso do computador. Chamamos a isso de aprendizado de máquina (em inglês, *machine learning* ou ML) – um subcampo de grande interesse dentro da pesquisa em inteligência artificial. Um algoritmo de ML aprende segundo um grande volume de dados que representam experiências. Quanto mais dados, melhor para que o computador possa generalizar e tomar suas decisões.

É importante saber que o que devemos levar em consideração é a ideia da generalização. O computador generaliza com base em coisas que já tenha visto, por meio do contato com um grande volume de dados, e aplica essas generalizações a novas situações, em um processo vagaroso e gradual.

Para os computadores, existem basicamente três tipos de aprendizado: o aprendizado supervisionado, o aprendizado não supervisionado e o aprendizado por reforço, como nos explicam os estudiosos Honda, Facure e Yaohao.

Aprendizado supervisionado – Essa é a área com o maior número de pesquisas e produtos bem sucedidos. Nos sistemas de aprendizado supervisionado, uma parte dos dados é utilizada para treinar o modelo; porém, esses dados de treinamento já contêm a resposta desejada. Ou seja, os dados de treinamento são previamente anotados com as respostas ou classes a serem previstas. Segundo Hechler, Oberhofer e Schaeck, são exemplos de aplicações práticas desse tipo de aprendizado: prever produtos que os clientes provavelmente comprarão, ou classificar imagens com base no seu conteúdo.

Aprendizado não supervisionado – Conseguir dados previamente anotados é, em alguns casos, extremamente custoso ou até impossível. Portanto, podemos observar nos dados se existem certos padrões repetidos que tornariam possível a inferência de classes, perfis ou categorias. De forma geral, o aprendizado não supervisionado busca uma representação mais simples dos dados, condensando a informação existente em pontos relevantes. Exemplos desse tipo de aprendizado são os sistemas de recomendação de filmes ou de músicas, a detecção de anomalias e a visualização de dados.

Aprendizado por reforço – Essa técnica leva em consideração a incerteza e incorpora as mudanças que acontecem no ambiente para a tomada da melhor decisão. Baseia-se na psicologia behaviorista de Skinner:[*] com a repetição de experimentos, espera-se que o sistema associe as ações cuja recompensa para cada situação apresentada pelo ambiente é maior e evite as ações de recompensa menor. O processo se repete até que o computador seja capaz de escolher a melhor ação para cada um dos cenários possíveis, conforme nos mostraram Honda, Facure e Yaohao.

A inteligência artificial com objetivos superespecíficos está sendo muito bem sucedida no mercado – com assistentes pessoais, traduções, reconhecimento de voz, reconhecimento facial, produção industrial, a medicina, o transporte etc. Mas, de acordo com Bengio, existe o

---

[*] Burrhus F. Skinner foi um psicólogo comportamentalista norte-americano. Ele partiu do princípio de que as ações humanas dependem das suas ações anteriores: se as consequências fossem ruins, a ação provavelmente não se repetiria; se as consequências fossem positivas, a ação provavelmente seria repetida. Isso seria o aprendizado pelo "princípio do reforço".

reverso da moeda. Há ameaças que podem surgir do emprego extensivo dessa técnica: sistemas ubíquos de vigilância, robôs militares e armas autônomas, discriminações étnicas e sociais – que aumentariam o desemprego, a concentração de poder e as desigualdades –, manipulações de marketing ou mesmo estratégias sutis e automatizadas para que as pessoas mudem o seu comportamento.

Você assistiu à série *Black Mirror*?

Então... Vamos ficar atentos!

capítulo **25**

Sistemas de recomendação e paradoxo da escolha

À medida que cresce o número de opções,
o esforço cognitivo para tomar uma decisão correta
também aumenta, gerando insatisfação.

Como já tivemos a oportunidade de discutir anteriormente, o advento da internet e a enorme produção de informações, em nossa era, acabaram por gerar um grave problema de *information overload* (e, segundo Wurman, de ansiedade da informação). Isso deu origem também ao chamado "paradoxo da escolha", um problema abordado pelo psicólogo Barry Schwartz, relacionado ao fato de que, inversamente ao senso comum, quanto maior a gama de opções, mais difícil será decidir e maior será a nossa insatisfação. Esse fato pode implicar o adiamento da decisão – o que é chamado de "paralisia da escolha". Um exemplo clássico seria a tarefa de selecionar um filme em uma plataforma de streaming: é comum que os usuários passem tempo demasiado até tomar uma decisão; quando finalmente o fazem, acreditam que poderiam ter escolhido outro programa mais interessante.

À medida que cresce o número de opções, o esforço cognitivo para tomar a decisão correta também aumenta; por isso, um número exagerado de opções pode deixar de ser vantagem. Na verdade, incontáveis alternativas geram frustração e ansiedade, e isso pode se repetir em outros processos, como escolher músicas para ouvir, escolher opções de investimento, escolher pacotes de viagem, restaurantes ou até mesmo *dates* em um aplicativo de namoro.

As máquinas têm performance melhor que os seres humanos para gerenciar um grande conjunto de dados e tomar decisões frias e objetivas. Existem programas de computador (algoritmos baseados em inteligência artificial e aprendizado de máquina) – chamados sistemas de recomendação – que podem criar automaticamente generalizações, com base em um extenso volume de dados, e ajudar no processo de tomada de decisão.

Esses algoritmos se especializam em prever a classificação que um usuário dará a um item, e isso se dá com cálculos complexos e inferências estatísticas. São programas projetados para aprender com os dados e sugerir itens relevantes para o usuário. Esses itens podem ser séries para assistir, notícias para ler, sapatos para comprar, anúncios de publicidade on-line ou qualquer outra coisa.

Os sistemas de recomendação desempenham um papel central nas nossas jornadas on-line. Desde o comércio eletrônico (no qual os sistemas de recomendação apontam os produtos que vão nos interessar) até o marketing digital (no qual os sistemas de recomendação apresentam o anúncio que vai gerar a maior taxa de cliques), esses programas se tornaram onipresentes no ciberespaço.

Os sistemas de recomendação estão sendo cada vez mais empregados em serviços do dia a dia, para gerar listas de reprodução da Netflix e do Spotify, ofertas de produtos da Amazon, ou recomendações de novas conexões e conteúdos do Linkedin, por exemplo. Para atingir plenamente os seus objetivos, tais sistemas devem nos apresentar listas de itens que contenham as seguintes propriedades: relevância, novidade, serendipidade (ser inesperados ou surpreendentes) e diversidade. Para isso, esses sistemas geralmente empregam abordagens de filtragem colaborativa, filtragem baseada em conteúdo, ou híbridas.

Calma, vamos entender!

Filtragem colaborativa

Esse tipo de filtragem é baseada no comportamento anterior dos usuários, bem como em decisões semelhantes feitas por outros usuários. Fundamenta-se na suposição (por sinal, questionável) de que as pessoas que concordaram no passado concordarão no futuro, e que nós gostaremos de produtos semelhantes aos que compramos no passado. Esses métodos colaborativos baseiam-se nas nossas interações passadas, registradas e armazenadas.

Com um enorme conjunto de usuários rastreados, é possível então identificar *clusters* (agrupamentos estatísticos) que representam públicos que tenham preferências semelhantes, com o intuito de analisar o comportamento coletivo. Para isso, os algoritmos geralmente rastreiam os nossos termos de pesquisas, a nossa avaliação dos itens (como o número de estrelas), os nossos tempos de navegação, os produtos adquiridos ou a análise da nossa rede social, entre outros dados capturados.

Filtragem baseada em conteúdo

A filtragem baseada em conteúdo lança mão de características pré-identificadas de cada item para recomendar novos itens com características semelhantes. Essa abordagem necessita de uma descrição associada a cada item e de um perfil das preferências dos usuários (com uso de palavras-chave). Num sistema de recomendação de músicas em streaming, por exemplo, as informações adicionais podem ser banda, gênero musical, subgênero, instrumentos, prêmios, país e outras características das músicas.

Sistemas de recomendação híbridos

Os sistemas híbridos adotam a estratégia de misturar soluções de filtragem colaborativa com métodos baseados em conteúdos. A maioria dos sistemas de recomendação com que interagimos atualmente apresenta essa abordagem. A Netflix é um excelente exemplo.

No próximo capítulo, vamos verificar como esses sistemas de recomendação, baseados em aprendizado de máquina, têm impactado até agora a experiência dos usuários.

capítulo **26**

Interação humano-algoritmo e UX

*Transparência é fundamental: mostre às pessoas
quais ações são consideradas pelo algoritmo para
auxiliá-las a construir um modelo mental.*

Como já discutimos nos capítulos anteriores, o aprendizado de máquina é uma área da inteligência artificial e, com ele, somos capazes de identificar padrões existentes em um grande conjunto de dados. Essa técnica tem sido cada vez mais incorporada a produtos e espaços de informação, com o objetivo de aprimorar a experiência, ajudando a superar a sobrecarga de informação – e atuando na sua encontrabilidade – com base em recursos como a personalização das interfaces. Algoritmos de aprendizado de máquina estão hoje infiltrados em todos os lugares, desde os carros autônomos até os sistemas de recomendação das plataformas de vídeo sob demanda.

Os sistemas que envolvem o aprendizado de máquina têm um curioso ciclo de interações com o usuário: eles aprendem e modificam as suas respostas com essa interação e, por sua vez, os usuários também alteram o seu modelo mental segundo as respostas do sistema. Ou seja, isso transforma-se num loop infinito, em que um modifica o seu comportamento de acordo com as respostas do outro. Daí a importância de haver transparência desses sistemas, relacionada a como trabalham e como tomam as suas decisões para que os usuários possam construir um modelo mental com o mínimo de distorções possíveis (isso impacta a experiência!).

Quando os usuários desenvolvem, por exemplo, "teorias da conspiração" a respeito de como os algoritmos funcionam, vão desejar manipulá-los segundo regras fantasiosas. Os designers dessas interfaces devem contribuir para a construção de modelos mentais precisos e devem incentivar os usuários a registrar a sua avaliação sobre os itens. Dessa forma, segundo Lovejoy e Holbrook, tanto o algoritmo quanto os usuários sairão ganhando.

Para relembrar, um modelo mental é algo que foi definido por Jakob Nielsen como "um modelo do que os usuários sabem, ou pensam que sabem, sobre um sistema". Quando há incompatibilidades de modelo mental, Nielsen apresenta duas opções: "fazer o sistema se adequar aos modelos mentais dos usuários ou melhorar os modelos mentais dos usuários". No caso da inteligência artificial, tem-se considerado essa segunda alternativa.

Budiu é uma pesquisadora que estudou a interação humano-algoritmo e chegou à conclusão de que as pessoas têm baixa probabilidade de interferir com eficácia nos resultados do aprendizado de máquina porque formam modelos mentais fracos sobre eles. A sua pesquisa concluiu que falta transparência aos algoritmos. Os usuários não conseguem ter uma ideia precisa de quais ações (ou interações) são levadas em conta pelo aprendizado de máquina para gerar seus resultados.

Por exemplo, não é raro que, diante de uma lista de recomendações de vídeos para assistir, as sugestões possam parecer aleatórias, repetitivas e não fazer o menor sentido. Os agrupamentos produzidos pelo aprendizado de máquina, frequentemente, são formados segundo critérios obscuros, na visão dos usuários. As categorias podem até ter uma certa racionalidade sob um ponto de vista estritamente matemático ou estatístico, mas são contraintuitivas para os usuários. Para Budiu, isso acontece porque os usuários encaram o funcionamento desses algoritmos como uma caixa preta. Segundo ela, métricas de relevância imperfeitas fazem com que diversos itens de interesse fiquem escondidos do usuário, o que aumenta ainda mais a sua confusão. Além disso, o excesso de personalização da página inicial, para acompanhar a sessão ou o dispositivo (inclusive com artes produzidas pela inteligência artificial), piora tudo na medida em que impede a familiarização com o layout da interface.

Transparência é fundamental. Os designers e desenvolvedores de sistemas baseados em aprendizado de máquina precisam informar às pessoas quais ações o algoritmo considera, para ajudá-las a construir um modelo mental adequado. O sistema deve ser claro sobre quais dados do usuário são rastreados e processados para gerar o seu output.

Segundo Harley, quando trabalhamos com sistemas de recomendação (como nos serviços de vídeo sob demanda), é necessário oferecer a oportunidade aos usuários de interferirem para aprimorar a própria lista de recomendações, tornando-as mais relevantes. Uma saída seria editar os dados que são usados para produzir as sugestões. Na Netflix, por exemplo, uma forma de fazer isso é acessar o seu histórico de navegação e excluir os itens que não são tão importantes para o seu perfil. Poucas plataformas apresentam essa funcionalidade ou deixam isso transparente.

Trabalhar com máxima transparência, segundo a sugestão de Herlocker, um estudioso desses algoritmos, é o que pode ajudar os usuários a dissolver o sentimento de "caixa preta" e contribuir para melhorar a credibilidade das recomendações.

Os pesquisadores Cramer e Kim já mostraram que a interseção entre a experiência do usuário e a inteligência artificial é um campo minado. A primeira tensão é velha conhecida dos arquitetos de informação e profissionais de UX: os objetivos dos atores envolvidos (usuários, negócios e stakeholders) são conflitantes. A fim de chegar a uma experiência positiva para os usuários, todos esses campos precisarão realmente dialogar e se integrar – programação dos algoritmos, modelos de negócios e UX. Como chegar a essa integração?

Os critérios de avaliação devem ir além dos meramente quantitativos; devem ser holísticos, e os usuários devem ser tratados como seres humanos integrais, inseridos em seu meio social – com cuidado para que se evitem possíveis discriminações ou danos. Os algoritmos são complexos e sua explicabilidade será sempre um desafio. Além disso, esses programas podem reforçar assimetrias de poder e gerar profundos desequilíbrios.

Por isso, certas coisas precisam ser colocadas em pratos limpos. Entre os que estudam a sério a inteligência artificial com foco em princípios, como Fjeld e seus colegas, há aspectos que despontam como críticos. Além da explicabilidade e da transparência, é preciso estarmos atentos a como garantir o controle humano sobre a tecnologia, à afirmação dos valores humanistas, à privacidade, à responsabilidade, à segurança, e à não discriminação de pessoas, grupos ou etnias.

Como vimos, a interação humano-algoritmo é o campo que se apresenta como a nova fronteira da UX e da arquitetura da informação, e tudo leva a crer que continuará impactando o nosso futuro. Precisamos nos debruçar e compreender mais sobre o aprendizado de máquina e a inteligência artificial para que possamos de fato auxiliar as pessoas a se posicionarem no comando do processo de avanço tecnológico.

capítulo **27**

Interfaces: por que as empresas fracassam?

*Algumas razões para a baixa
usabilidade de produtos e sistemas
de tecnologia da informação nas
empresas. Aumenta o desafio
para o design.*

À medida que avança a informatização do planeta, atingimos segmentos cada vez maiores da população com a mídia on-line. No Brasil, segundo dados da pesquisa PNAD Contínua* do IBGE, a inclusão digital tem avançado a passos largos: a proporção de lares com acesso à rede mundial subiu para 90% do total, sendo que na área rural são quase 75%. Hoje, aproximadamente 85% da população (com mais de 10 anos de idade), e 57,5% dos idosos são usuários da internet.

Entretanto, há de se encarar a outra face dessa realidade: o acesso ainda não é universal. Milhões de brasileiros não têm acesso à internet, nem fixa nem móvel. Entre as razões está o preço do serviço, proibitivo para uma parte da população, e o fato de que muitos não sabem utilizar a rede mundial de computadores. E, pior, em nosso país, os contrastes sociais e educacionais se agravaram depois da pandemia de covid-19. Há cidadãos de baixa renda, com pouca escolaridade ou com experiência e conhecimentos rudimentares de tecnologia.

* Dados da PNAD Contínua, 2021.

Pergunta-se, então: pessoas com limitações educacionais ou cognitivas, com poucos conhecimentos de tecnologia ou idosas devem ou não ser excluídas do processo de informatização? Trata-se de uma questão com diversos desdobramentos políticos, econômicos e sociais: que porcentagem da população pretendemos excluir da sociedade em rede?

Nielsen, um famoso pesquisador da UX e da usabilidade, nos apresenta o tema nos seguintes termos: "O alargamento da utilização da internet coloca-nos uma questão de marketing – que porcentagem do público-alvo pode uma empresa excluir porque não é inteligente o suficiente para utilizar o seu website?"

"Mesmo que a empresa admita uma perda de 20% de usuários porque seu produto é complicado, vai precisar torná-lo fácil para os outros 80%."

A questão se agrava se falarmos não apenas de empresas privadas mas também de organizações do Estado cujo público-alvo são os cidadãos de seu país. Nesse caso, a acessibilidade e a usabilidade de sua comunicação digital são estratégicas para atingir a tão desejada "transparência" da gestão pública. E você acha que essa transparência é atingida a contento?

Segundo Rubin, as principais razões para a baixa usabilidade de produtos e de sistemas de tecnologia da informação nas organizações em geral (e o seu consequente fracasso nesse quesito) estão descritas a seguir.

- A ênfase e o foco estão geralmente na tecnologia, não no usuário final. Como tradição, designers, engenheiros e programadores são contratados e pagos para enfatizar a atividade (a dimensão racional) em detrimento do ser humano e do seu contexto (as dimensões ambíguas).
- A audiência-alvo dos produtos de tecnologia da informação tem mudado de maneira radical, mas as instituições se mostram lentas demais para reagir a essa evolução.
- Embora o design de sistemas com boa usabilidade seja difícil, as empresas continuam tratando o tema na base do senso comum: resistem a investir em testes de usabilidade, não aplicam pesquisas para avaliar a experiência do usuário.

- As organizações empregam equipes e abordagens altamente especializadas para o desenvolvimento de sistemas, mas fracassam na integração dessas equipes e abordagens entre si. Ou seja, há sempre um problema de gestão que parece ser necessário focalizar.
- Hoje, a necessidade maior está no design (criatividade) e não nos aspectos de implementação técnica ou de engenharia. O design se refere a como o produto se comunica com o seu público, e a implementação técnica se refere a como o produto funciona.

Com o advento da programação orientada a objetos e de ferramentas de criação automática de códigos, o desafio da implementação diminuiu, enquanto o desafio do design aumentou – junto com a expectativa de que se atinjam parcelas cada vez maiores da população.

Todavia, as organizações continuam a valorizar mais os aspectos relacionados à implementação tecnológica (a máquina) em detrimento de aspectos relacionados ao design (o homem).

O designer Fabricio Teixeira aponta, em seu livro, que pode existir certa animosidade ou competição entre designers e desenvolvedores no decorrer dos projetos. Apesar de isso ainda ser comum em diversas empresas, cabe a cada um dos profissionais aceitar sugestões do outro e se engajar em uma autêntica colaboração para garantir a melhor usabilidade dos produtos. Quem sairá ganhando com a simbiose entre as áreas será o usuário final.

No olho desse furacão, o mais importante é que tanto designers quanto desenvolvedores não percam a noção de que não estão lá para desenhar os produtos em si, mas para desenhar o relacionamento dos produtos com os seres humanos.

capítulo **28**

Muito ágeis em excluir o usuário

*Durante anos, imperou o velho modelo de
desenvolvimento "em cascata". O Manifesto
ágil surgiu para criticar tudo isso.*

Um estudo realizado na PUC-Rio avaliou o emprego de metodologias de
desenvolvimento de software atualmente em voga no mercado e as possibilidades ou restrições que elas suscitam para a aplicação de pesquisas e modelos centrados no usuário. Adriana Chammas, Manuela Quaresma e Claudia
Mont'Alvão, em um artigo publicado na revista *Arcos Design* da Uerj, des-
trincharam todos os detalhes das queridinhas, as metodologias ágeis. Elas
estão na crista da onda porque, no mercado de aplicativos, os desenvolvedores precisam entregar os produtos cada vez mais rápido, submetendo-se a
restrições orçamentárias e cronogramas enxutos.

Durante anos, o modelo de desenvolvimento de software mais utilizado
foi o de "cascata", que trabalhava com uma sequência de etapas encadea-
das – cada etapa deveria ser concluída antes que se começasse a próxima.
Chris Melcher, consultora de inovação e ex-arquiteta da Globo.com, estudou
a fundo o tema na sua tese. Segundo ela, apesar de o resultado de cada fase
ser uma aprovação para o início da fase seguinte, na prática o modelo "cascata" não funcionava direito porque os problemas que aconteciam em uma

certa fase estavam relacionados à fase anterior. Isso acarretava retrabalho e muitos atrasos no cronograma.

O velho método "cascata" foi muito questionado. Tudo começou em 2001, quando um grupo de programadores da velha guarda se reuniu em uma estação de esqui nos Estados Unidos para debater meios de melhorar o desempenho dos projetos de software. O Manifesto ágil surgiu daí, assinado por feras como Jeff Sutherland, Kent Beck e outros desenvolvedores. Assim, os métodos de desenvolvimento tradicionais foram declarados obsoletos. Como consequência do manifesto, novas metas de projeto foram valorizadas: entregas rápidas e contínuas, pronta resposta a mudanças e muito menos documentação. Entre as metodologias ágeis, as mais populares no Brasil são o Scrum, o Kanban e o Extreme Programming (ou XP).

Com papéis muito bem-definidos nas equipes, o Scrum, por exemplo, trabalha com o Scrum Master, o Product Owner (P.O.), além do time de desenvolvimento. O método prevê "arrancadas" (em inglês *sprints*) quando acontece o esforço de codificação de partes específicas do produto. O chamado *backlog* é uma lista com histórias de usuários, funções demandadas e demais requisitos de projeto.

O problema dessa história é que, como o ritmo de trabalho é frenético, sobra pouco tempo para incluir a voz do usuário no projeto. O lugar do UX designer não está bem-definido. Testes de usabilidade para fundamentar e validar as decisões de design, nem pensar! Na verdade, a participação do usuário é limitada e preterida em nome da agilidade.

As técnicas tradicionais de pesquisa de UX, submetidas às pressões do mundo corporativo, submergem. Muitas vezes as equipes de desenvolvimento precisam pular etapas e encurtar prazos para satisfazer a demanda dos clientes. A galera de código é bem centrada em habilidades de codificação (fazer a "parada" funcionar!) e, em certas ocasiões, minimizam as diferenças entre o seu modelo mental e o do usuário final.

Entrevistei Adriana Chammas especialmente para redigir esse texto. Adriana é UX designer, professora e participou como mentora do Google Accelerator, evento que ocorre na Califórnia, na sede da gigante das buscas, e reúne startups de diversos países – inclusive a galera do Brasil. "Os métodos ágeis falam em ouvir o usuário, mas a prática é muito diferente do discurso", explicou Adriana. "Todas as metodologias ágeis estão trabalhando desta forma: a gente percebe na prática que é tudo *fake*." E continua: "O que a gente percebe é uma preocupação com o usuário, mas eles não querem ou não podem fazer isso, pois a realidade do mercado é outra."

Fred Amstel, professor de design de experiência da UTFPR (Universidade Tecnológica Federal do Paraná), argumenta que os métodos ágeis "sufocam" o designer. "No Scrum, você tem papéis definidos, mas o designer não sabe onde ele entra." O problema é que os ciclos de desenvolvimento, os *sprints*, duram em geral uma semana, mas o design não tem essa velocidade. Em uma semana, o design raramente consegue elaborar algo relevante para entregar à equipe de desenvolvimento. "Os métodos ágeis enfatizam demais a questão da produtividade. Como tentativa de remediar essa situação, a galera tem colocado o UX design em uma equipe separada, denominada *sprint zero* ou *menos um*. Mas o isolamento é prejudicial para o caráter articulador e estratégico do design."

Para remediar isso, surgiu a metodologia Lean UX, de Jeff Gothelf, que teve origem no trabalho da Lean Startup, do empreendedor norte-americano Eric Ries. Todas são variantes de um modelo proposto na Toyota. Na Google, a Lean é adaptada para a realidade da empresa e transforma-se na Design Sprints. O autor Jake Knapp lançou seu livro, que explica como essa metodologia pode ser aplicada em uma semana.

Embora os métodos ágeis de desenvolvimento sem dúvida tenham o seu valor, não sobra muito tempo nos seus processos para escutar o usuário. A ausência de pesquisas e de testes também foi apontada por Hoa Loranger, que nos mostrou que a maioria dos times de Scrum não os utiliza. Mas nem tudo está perdido, diz ela.

Diversas técnicas de UX como os rabiscos (sketches) e protótipos em baixa definição (em papel) são artefatos que podem ser valorizados para a apresentação e discussão de ideias. Esses protótipos podem bem ser testados em um esquema de "usabilidade de guerrilha". O macete, sugere a pesquisadora, é planejar as atividades de pesquisa de UX antes de a "arrancada" de codificação começar. O designer deve, portanto, ser proativo e sair na frente do *sprint*.

Certo, as técnicas ágeis vieram realmente para ficar. Os UX designers precisam se adaptar a isso. O designer deve começar antes, trabalhar fora do escritório (*"out of the building"*) e incorporar técnicas inovadoras, como observações de inspiração etnográfica ou testes remotos (que podem oferecer um insight importante em alguns minutos). Tais testes têm sido ainda mais valorizados em tempos pós-pandemia.

Bem, falaremos sobre o emprego de testes de usabilidade remotos em um capítulo especial, em que conversei com a arquiteta de informação Elisa Volpato.

capítulo **29**

Usuário: alguém conhece esse cara?

*Erro comum é supor que os usuários são
iguais. E iguais ao próprio projetista.
Técnicas de pesquisa qualitativa e testes de
usabilidade ajudam a descobrir o que
o usuário pensa, quer e como age.*

Muito se tem falado sobre experiência do usuário e importância de considerar o usuário para o adequado projeto de UX. Mas até que ponto nós conhecemos de verdade quem é esse cara, "o usuário"? Todos já sabemos de cor e salteado que o princípio fundamental do design de interfaces é "conhecer o usuário". Mas quantos de nós somos capazes de distinguir as categorias de usuários relevantes para um projeto?

De acordo com Mayhew, o erro mais comum entre os desenvolvedores seria fazer duas pressuposições apressadas: primeiro, que todos os usuários são iguais; segundo, que todos os usuários são iguais ao próprio desenvolvedor. Essas pressuposições levam às seguintes conclusões: se a interface for fácil de aprender e de usar para o desenvolvedor, também o será para o usuário; e se a interface for aceitável para um ou dois usuários, será aceitável para todos. Nada poderia estar mais longe da verdade.

A dimensão do conhecimento e da experiência é um *continuum*; existe um número grande de tipos de conhecimento a serem considerados quando se descrevem os usuários. Exemplos: o nível educacional, o nível de leitura, a alfabetização tecnológica, a experiência na tarefa (conhecimento semântico), a experiência no sistema (conhecimento sintático), a experiência no aplicativo, a língua-mãe e o uso de outros sistemas e produtos.

Usuários experientes e inexperientes têm necessidades distintas, como garantem os pesquisadores Leulier, Bastien e Scapin. Quanto à organização da informação, é necessário desenhar o sistema para os diferentes tipos. Pode ser desejável oferecer ao inexperiente uma explicação passo a passo das ações. Deve-se guiar o novato por meio de passos progressivos, possibilitando aos mais experientes o *by-pass* (salto) de certas partes do hipertexto para atingir diretamente o seu destino.

Segundo Fleming, um sistema será bem-sucedido se der suporte adequado às intenções e ao comportamento do seu usuário específico. Por isso, compreender quais são essas intenções e os comportamentos é a etapa mais importante do projeto e a meta do UX designer e do arquiteto de informação. Deve-se descobrir o que o usuário pensa, o que ele quer e como age, empregando técnicas de pesquisa como grupos de foco, questionários, entrevistas, card sorting, avaliações heurísticas, jornadas do usuário e testes de usabilidade nos diversos pontos-chave do processo de desenvolvimento.

O que não podemos esquecer é que os produtos de tecnologia da informação devem ser utilizáveis por uma vasta gama de indivíduos. Por isso, devemos compreender muito bem quem são e aonde querem chegar, ou seja, quais são os seus objetivos, comportamentos e como decupam mentalmente tarefas. Isso se faz com técnicas de pesquisa para compreender o seu modelo cognitivo.

Conclusão: é sempre uma boa ideia conhecer quem são os usuários do seu produto digital e aonde eles querem de fato chegar. Assim, podemos imaginar o grau de frustração que eles estarão dispostos a se submeter antes de desistir do sistema e partir para outra. Se os padrões de experiência mudam com o tempo, resultado do amadurecimento dos usuários, então é preciso buscar dados e informações com pessoas que estão mesmo utilizando os produtos, sejam sites para desktop, sejam aplicativos móveis ou para dispositivos com interfaces de voz.

A essa altura, todo mundo está sabendo que times formados por designers, arquitetos e desenvolvedores de produtos interativos têm a obrigação de tomar a iniciativa de compreender melhor a sua comunidade específica de usuários (em seu próprio país ou região). E devem agregar esses dados de uso, visando obter os melhores resultados para fundamentar seus projetos de interação. Portanto, fique ligado!

capítulo **30**

UX design é um processo político

As interfaces têm cada vez mais requisitos, de diversas fontes. O design da experiência bem-sucedida tornou-se uma aventura multidisciplinar, que envolve problemas políticos por natureza.

Os problemas das interfaces humano-computador podem ser óbvios. Suas soluções, entretanto, serão menos óbvias. Pode ser difícil encontrar uma solução que resolva um problema particular sem criar outros. Uma solução separada para cada problema pode resultar em uma interface muito complexa, de tal modo que seria impossível ao usuário utilizá-la.

Para Erickson, da Apple, a verdadeira dificuldade do desenho de interfaces é que as soluções devem representar compromissos aos quais se chega por intermédio de negociações intrincadas. As soluções assim negociadas são determinadas por uma miríade de questões de natureza às vezes política, portanto invisíveis àqueles que estão de fora do processo de desenvolvimento.

A solução que aparenta ser linda e maravilhosa não vai dizer absolutamente nada caso a tecnologia não a suporte, caso o código ocupe muito espaço ou seja lento. Além disso, devem ser levadas em consideração a experiência dos seres humanos durante a utilização e o modo como os usuários desejam completar as tarefas.

Mas se as soluções para problemas de interfaces envolvem compromissos, como os UX designers poderão determinar durante a negociação o que é aceitável e o que é inaceitável?

Segundo afirmaram os pesquisadores Nielsen e Tahir, as questões políticas internas de cada empresa podem acabar influenciando mais do que os próprios usuários – e isso não deveria ser assim, não é mesmo? Por exemplo, não é raro que os departamentos e setores de uma grande empresa lutem politicamente entre si para colocar seus conteúdos específicos na home page do portal institucional, em uma batalha em que os melhores lobistas da empresa acabam levando a melhor. Para os autores, o ideal seria sempre dar voz aos usuários – como sendo o fator-chave das decisões –, além de envolvê-los no processo de design.

Algumas vezes, porém, trabalhar direto com os usuários torna-se quase impossível: por razões hierárquicas, executivos-chefes e presidentes fazem questão de usar seus próprios critérios pessoais para revisar e aprovar as interfaces (Figura 30.1). Mas, aí, esquecem-se do fundamental: o perfil ergonômico e cognitivo dos usuários pode ser bem diferente do que imaginam. Além do mais, como sabemos, o processo de inclusão digital faz com que as audiências estejam em permanente mutação.

Figura 30.1. *Em algumas empresas, a opinião do profissional que recebe o maior salário (hippo, na sigla em inglês) se sobrepõe aos objetivos e às necessidades dos usuários.*

Departamentos e setores de empresas em geral lutam por poder e por respeito, competindo entre si, lembram-nos Rosenfeld e Morville. Por suas características inerentes quanto à organização da informação e à formação de opinião, o projeto de websites e sua arquitetura podem provocar uma forte disputa política subjacente envolvendo setores e pessoas.

Todos sabemos ou podemos imaginar como a luta entre visões distintas é capaz de impactar negativamente as interfaces ou a arquitetura de informação, com prejuízos ao diálogo da organização com os seus usuários. Em um projeto típico de interação digital, podem existir tantas perspectivas diversas e interesses em competição entre si que qualquer solução só poderá emergir como um compromisso. Mas, para o UX designer, o foco principal deverá ser sempre o usuário.

Pelas razões expostas, o design é um processo político. De acordo com Erickson, o número de requisitos das interfaces não só tem aumentado com o tempo como também diversificado as suas fontes, de tal modo que o projeto de uma experiência bem-sucedida se torna uma aventura multidisciplinar. A natureza de multidisciplinaridade do design de produtos digitais introduz novos problemas, políticos por sua própria natureza.

Psicólogos, designers, redatores, ergonomistas, marqueteiros, jornalistas, publicitários, antropólogos, bibliotecários e programadores têm, todos, contribuições essenciais a agregar. Cada disciplina apresenta suas próprias prioridades e perspectivas, seus próprios métodos e seus próprios critérios de sucesso. E não é raro que estejam em conflito umas com as outras.

Então, quem definirá quais serão as prioridades? Quais são as perspectivas de maior relevância? Que critérios de sucesso deveriam ser respeitados? Como medir os resultados? Descobrir maneiras eficazes de resolver esses conflitos de abordagens não é nada simples e pode resultar em uma complexa negociação. Existem tantas informações e visões competindo entre si, nos problemas de interfaces, que qualquer solução eficaz só vai surgir como fruto de uma verdadeira negociação.

Falando do mercado das agências digitais, Teixeira aponta para a importância de sabermos "falar a língua" do programador *front-end* – dominando seus jargões informáticos –, ao mesmo tempo que se consegue conversar abertamente e compartilhar a responsabilidade das decisões tomadas em conjunto com outros profissionais, como o gerente de projeto, o diretor de arte e todos os outros envolvidos na criação de produtos digitais.

Não é raro acontecer de o gerente de projetos estar muitíssimo preocupado com verbas e prazos, o desenvolvedor estar preocupado com as limitações da linguagem de programação e o cliente (que é quem assina os cheques) pensar apenas nas metas de negócios. Nesse caso, é o UX designer ou o arquiteto de informação quem deverá advogar dentro da equipe em prol dos interesses e das necessidades do usuário. O que, diga-se de passagem, não é uma causa nada simples!

Por isso, a sensibilidade aos aspectos políticos é o que propiciará maior capacidade para gerenciar os impactos das decisões compartilhadas sobre a experiência e a arquitetura de informação.

capítulo **31**

UX e arquitetura de informação como fatores de mudança organizacional

*As argumentações lógicas a favor dos
usuários não vão causar mudanças
organizacionais indispensáveis.
Compreender o que realmente
motiva pode ser o mais importante.*

Sabe-se que introduzir técnicas de UX e de arquitetura de informação em uma empresa pode ter como pré-requisitos algumas mudanças organizacionais. Isso nunca foi uma tarefa fácil, – haja vista as reações que desperta –, e tem sido objeto de muitos estudos e pesquisas.

Qualquer pessoa (designer de experiência, arquiteto ou não) que está tentando introduzir boas práticas de projeto em uma organização estabelecida deve olhar para si próprio, em primeiro lugar, como agente de mudanças, e não só como especialista, gerente de produto ou técnico em marketing. Falhar na adoção dessa visão maior significará falhar em introduzir a UX nas práticas de uma organização, de maneira integrada.

No seu blog Usabilidoido, Fred Amstel conta que nem sempre é possível projetar a melhor interação porque há questões políticas envolvidas: certas culturas organizacionais, de tão arraigadas, não priorizam a experiência do usuário. Ele chegou à conclusão de que as interfaces também refletem as relações de poder dentro da organização. Recorrendo ao texto de Michel Foucault, "The Subject and Power" , um artefato interativo pode ser considerado um "campo para o exercício do poder". Segundo Fred, na interação com um artefato, o poder proveniente de múltiplas fontes entra em conflito para definir agenciamentos humanos. As pessoas que interagem com o artefato exercem poder sobre ele, mas podem estar usando o artefato em função do poder de outras pessoas.

Todas as boas intenções do mundo, toda a competência técnica e todas as argumentações lógicas a favor dos usuários não vão causar necessariamente as mudanças organizacionais indispensáveis. Na verdade, compreender o que de fato motiva e faz com que as organizações entrem em processo de mudanças pode ser o mais importante para o projeto de interfaces, como afirmaram Mayhew e Bias.

Dentro das grandes empresas, em particular aquelas mais antigas e de cultura organizacional sedimentada, existem muitos fatores que inibem a mudança – todos nós já ouvimos falar disso ou já o sentimos na própria pele. Os fatores de reação às mudanças podem diferir de uma organização para outra, mas estão sempre lá. Eles podem se constituir de mitos, crenças e atitudes, estruturas organizacionais, práticas profissionais, procedimentos estabelecidos, senso comum ou padrões de defesa corporativos.

Deve-se reconhecer logo esse fato básico, identificar os inibidores particulares que existem na organização e tratá-los de modo direto e específico. É necessário compreender as fontes de resistência para poder superá-las.

A respeito da mudança organizacional, o teórico de administração Kotter já observou que grandes e antigas empresas (os famosos parques de dinossauros, muito comuns no Brasil) costumam ter enormes dificuldades para iniciar um verdadeiro processo de transformação em razão da ausência de lideranças, arrogância, individualismo e burocracia. O maior desafio seria liderar a mudança.

Para o autor, apenas a liderança pode destruir as muitas fontes de inércia das organizações. Várias pessoas (em diversos níveis hierárquicos) precisam contribuir para a tarefa de liderança, participando modestamente em suas respectivas esferas de atividade (e o projeto de produtos interativos pode ser uma delas).

Humor corporativo e UX

Eu sou fã incondicional do personagem de quadrinhos Dilbert, criação do cartunista Scott Adams. Até me inspirei nele para fazer esse desenho, mas não sei se fui muito bem-sucedido (o que você acha?). Gosto do Dilbert porque ele é um engenheiro que volta e meia está envolvido com problemas de UX na sua empresa.

Lembro-me do dia em que o diretor apresentou ao Dilbert o novo gerente do recém-criado Departamento de operações estruturadas desestruturadas. Sua missão seria liderar o esforço de tornar as interfaces de uso da empresa tão confusas que os usuários pagariam de bom grado por treinamentos.

Dilbert lembrou que eles já faziam isso, só que sem querer. Ao que o diretor respondeu: "Mas não podemos confiar sempre na sorte!"

Com base em Shneiderman, é natural afirmar que novas técnicas (como a introdução da pesquisa de UX nas empresas), assim como o novo papel dos desenvolvedores, arquitetos e designers de produtos de tecnologia de informação causem uma série de problemas, ainda mais naquelas organizações nascidas das vísceras do século anterior. Diga-se de passagem, a mudança organizacional é difícil mesmo, mas líderes criativos misturam a inspiração com a provocação para tentar despertá-la.

Assim, o melhor seria apelar para argumentos lógicos, como menor taxa de erros, resultados de testes A/B, ciência de dados, menor tempo de aprendizado, interfaces bem-desenhadas ou melhor performance no cumprimento das tarefas. Outro aspecto importante, segundo o autor, é mostrar a frustração e a confusão dos usuários – decorrentes de desenhos complexos –, em comparação com a performance da concorrência que aplica os métodos de usabilidade e UX.

Arquitetos de interfaces vêm ganhando grande experiência na gerência da mudança organizacional. Gestores com planos concretos e com análises de custos-benefícios defensáveis sob bases racionais estarão mais bem preparados para fazer valer suas ideias (sobre a dos *hippos*) e implantar as sementes da usabilidade e da UX – com benefícios para todos os usuários – dentro da selva das organizações da sociedade do conhecimento. Quando será que as empresas vão substituir os *hippos* pelos cientistas de dados ou pelos pesquisadores de UX?

Para Schaffer, a institucionalização da usabilidade é benéfica para as empresas e essa institucionalização começa quando é dado um brado de alerta para a tomada de consciência. Seja por meio de uma publicação, seja sofrendo um enorme desastre no mercado, a atenção da organização precisa mover-se em direção à experiência e à usabilidade. Por isso, o autor escreveu um livro inteiro sugerindo um processo passo a passo para a implantação da UX como rotina na empresa pública ou privada. Para isso, é necessária uma real mudança de mentalidade, ou seja, uma transformação cultural!

Bem, por agora chega. Em breve, vamos retornar a esse assunto, certo?

capítulo **32**

Quando a empresa não quer saber do usuário

*Estruturas organizacionais obsoletas não
contribuem em nada para o saudável fluxo de
informações e ideias e podem representar
sérios obstáculos para o adequado
projeto das experiências.*

Volto ao tema da gestão das empresas e da sua relação com as interfaces.
Sabe-se que não são poucas as ocasiões em que um projeto de interfaces
reflete a estrutura gerencial existente, com impactos desastrosos. Estruturas organizacionais obsoletas, como as verticalizadas e burocratizadas em
demasia, não contribuem em nada para o saudável fluxo de informações e
de ideias, e podem representar sérios obstáculos para o adequado projeto da
IHC. Você já trabalhou em uma organização assim?

Arquitetos de informação e designers de UX já começam a suspeitar de
que as políticas internas das organizações ou as preferências individuais de
executivos influentes tornam-se, algumas vezes, mais importantes do que as
diretrizes estritamente técnicas na determinação do sucesso ou do fracasso
dos sistemas interativos.

Vamos dar um exemplo: casos em que a chamada "média gerência"
(aquela casta do escritório que balança entre o staff diretor e a "peãozada")

se sente ameaçada por um novo sistema que se propõe a mostrar informações, em tempo real, aos gerentes sêniores e tenta provocar o seu fracasso (de maneira consciente ou inconsciente) atrasando, comprometendo ou simplesmente barrando o fornecimento de informações.

Leia o testemunho de um amigo: "Eu trabalhava em uma grande instituição como designer. Uma das minhas tarefas era atualizar informações que saíam no portal da internet e que eram lidas pelos membros do conselho e pela imprensa. Para isso, eu dependia do fornecimento de textos aprovados pelo chefe de assuntos institucionais, que não permitia sua divulgação na web antes da publicação no house-organ tradicional, que era a sua praia. Como este dependia de licitação para ser impresso, o atraso total poderia chegar a uns dois ou três meses." Ninguém merece.

Segundo Shneiderman, os projetistas de interfaces devem solicitar a participação dos usuários a fim de assegurar a explicitação dos problemas – cedo o suficiente para neutralizar esforços contraprodutivos e resistência às mudanças que venham a surgir dentro das empresas.

Entre os fatores que inspiram a integração de métodos de UX às organizações, Mayhew e Bias citam: um forte advogado interno, um desastre com alta visibilidade, a percepção da concorrência, a demanda do mercado etc.

Algumas vezes, um único indivíduo pode assumir o papel de agente de mudanças. Ele pode estar em qualquer nível hierárquico: de coordenador de projetos que decide contratar especialistas em UX até um vice-presidente de pesquisa e desenvolvimento, que decide fazer da usabilidade o seu "território organizacional". Nesses casos, a visão de um único indivíduo poderia motivar as mudanças gerenciais necessárias.

Estruturas organizacionais antiquadas apresentam obstáculos para o desenvolvimento de uma boa experiência na interação com o usuário. Não são poucas as ocasiões em que o projeto de interface reflete a organização existente, com impactos sobre a comunicação com os usuários. Em outros casos, essa organização direciona decisões de design.

Mais um exemplo: programas de processamento gráfico e de texto podem ser separados em diferentes aplicativos (em vez de integrados entre si) porque diferentes departamentos foram incumbidos dessas funções. Bancos de dados e sistemas de ajuda on-line podem ser implementados em separado porque grupos com competências profissionais especializadas são divididos para gerenciamento de equipes.

Nos grandes projetos, pode ser mais fácil obter dinheiro para contratar programadores extras se a sua função for separada, e não integrada à dos designers, por exemplo. Mayhew e Bias nos explicam que equipes são organizadas normalmente para facilitar o comando, o controle e a divisão técnica do trabalho. Em consequência, as interfaces tendem a refletir essa organização, mas a eficácia dos resultados é questionável.

Como sabemos, é mais fácil gerenciar grupos funcionais do que uma equipe coordenada. Nesses casos, a facilidade da gerência e a divisão do trabalho se sobrepõem ao objetivo maior de se atingir a comunicação eficaz com o usuário.

Há organizações que impõem distâncias proibitivas entre os usuários e os desenvolvedores. As separações – políticas, culturais, organizacionais ou geográficas – entre os dois grupos podem impactar a comunicação estreita que otimiza os requisitos essenciais às boas interfaces. Isso é um grande problema na comunicação digital do governo com a sociedade.

Os arquitetos Rosenfeld e Morville mostraram que, em virtude de suas características intrínsecas, o design de portais institucionais e de intranets pode envolver uma forte disputa política. Os seus resultados influenciam a maneira como os clientes percebem a empresa, os seus departamentos e os seus produtos. Para os dois autores, em alguns casos, basta focalizar o que é melhor para os usuários, como a facilidade de uso. Em outros casos, mais delicados, devem-se alinhavar e aceitar compromissos de modo a evitar grandes conflitos – um equilíbrio de interesses entre as diferentes partes e visões envolvidas.

Apesar das dificuldades comumente existentes nas organizações e nas empresas, os setores de marketing e os serviços de atendimento aos clientes estão se tornando mais conscientes da importância das boas interfaces digitais e são uma fonte de encorajamento construtivo para deflagrar mudanças em prol da experiência do usuário, acredita Shneiderman.

É que, diante de produtos competidores de funcionalidades equivalentes, as técnicas de UX tornam-se determinantes para a aceitação do produto pelos usuários finais.

Mas no futuro, quem sabe um dia, a usabilidade e a UX terão se tornado tão institucionalizados como processo nas empresas e tão corriqueiros, que não mais se tornarão um diferencial entre as marcas. É o que nos propõe Schaffer, como conclusão do seu guia passo a passo.

capítulo **33**

Governo eletrônico e transparência do Estado

> *Com a internet, a noção de transparência*
> *informacional se somou ao conceito de*
> *governo eletrônico. Ela é a possibilidade de*
> *acesso de todo cidadão à informação*
> *produzida pelo governo.*

O Estado permanece essencial no contexto da sociedade da informação. Sua responsabilidade é grande na demanda por mudanças socioeconômicas, mas as organizações do governo não podem ficar alheias às transformações que ocorrem nas empresas privadas.

Cidadãos de todo o mundo exigem um desempenho melhor por parte dos governos, tanto no tocante à eficiência quanto no tocante à transparência.

No mundo inteiro, administradores públicos têm encarado a internet como uma força para otimizar a resposta do governo aos cidadãos. Ou, ao contrário, como um modo de aumentar o poder do Estado com controle do cidadão. Para a pesquisadora norte-americana Jane Fountain, em regimes autoritários a internet ameaça o domínio do Estado sobre a circulação de informação, mas – paradoxalmente – pode enfatizar o poder do governo central como instrumento de controle da sociedade. E, por isso, precisamos ficar de olho.

A ideia de um "governo eletrônico" (e-gov) surgiu quando Al Gore, na época vice-presidente dos EUA, abriu o Fórum Global sobre Reinvenção do Governo, em Washington, com a presença de 45 países. O governo eletrônico objetiva fornecer informações, serviços e produtos por meio eletrônico, com base em informações de órgãos públicos, a qualquer momento, em qualquer local e a qualquer cidadão (Figura 33.1).

Uma das metas do governo eletrônico é a inclusão digital. Note que isso não significa apenas tornar os computadores e a internet acessíveis a todos mas tornar a informação digital do governo fácil de usar, de modo a derrubar barreiras causadas pela falta de conhecimentos e de experiência específica.

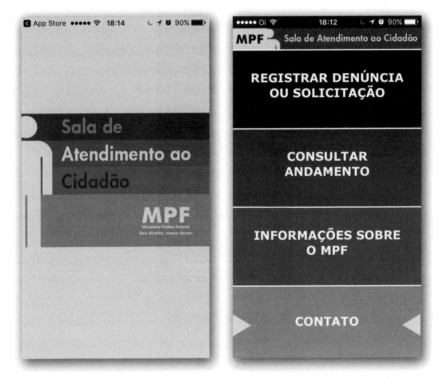

Figura 33.1. *O SAC do Ministério Público Federal é um exemplo de aplicativo de governo eletrônico.*

A acessibilidade das informações do governo deve ir além dos problemas dos indivíduos com necessidades especiais (cegueira, surdez etc.). O conceito de acessibilidade deveria se alargar para beneficiar grupos cujos problemas são mais difíceis de ser abordados. Como exemplo, citamos o grupo com deficiências cognitivas, para o qual o material informacional deve ser criado segundo diretrizes para a simplificação da linguagem. Quem trabalha na área da educação sabe que o chamado analfabetismo funcional é um grande desafio, ainda mais quando a mensagem se torna maior que 280 caracteres.

Pouco se sabe do abismo informacional que assola determinados grupos raciais e culturais e pessoas que sofrem problemas de desemprego, saúde, habitação ou barreiras cognitivas causadas pelas dificuldades na educação. Vencer desafios relacionados ao apartheid digital é uma tarefa para governos e para a sociedade. Designers de portais do setor público já sabem que os usuários têm pouco treinamento e pouca experiência com tecnologia. E eles vão precisar de portais desenhados com base em princípios de arquitetura de informação e de UX para garantir a encontrabilidade e a compreensibilidade.

O conteúdo e a estrutura desses portais devem ser organizados de modo que cidadãos pouco familiarizados com o governo possam encontrar serviços e informações sem ter de compreender como os órgãos funcionam por dentro.

Com a internet, a noção de transparência informacional se agregou ao conceito de governo eletrônico. Ela é a possibilidade de acesso de todo cidadão à informação produzida pelos órgãos do governo. Inserida na agenda política após a ditadura militar em nosso país, a transparência informacional do Estado somou-se às outras perspectivas democratizantes.

Apesar das leis democráticas no Brasil, muitas vezes o "território da opacidade" interdita o Estado aos cidadãos, como apontou Jardim. Traço histórico do País, a opacidade constitui uma de suas características estruturais, independentemente de a equipe de governo de plantão ser autoritária ou democrática. Por isso, a opacidade não é uma questão de governo, mas um atributo do Estado e um tributo pago por toda a sociedade.

O problema da transparência informacional do Estado pode ter a ver com os vícios de origem nas formas de produção e de implantação de aplicativos e sites de governo. Esses vícios podem motivar situações reais de exclusão, ainda que não intencionais, em consequência do não uso da informação disponibilizada. E isso é incompatível com a proposta dos governos eletrônicos.

Por enquanto é só. Que tal voltarmos ao tema do e-gov em uma outra oportunidade?

capítulo **34**

Arquitetura de informação e UX: por uma visão crítica

*Devemos lembrar sempre as
questões fundamentais: o porquê,
para quem e em nome de quem são
realizadas as ações das empresas.*

A Teoria Crítica (ou Escola de Frankfurt) foi uma escola de pensamento filosófico que dissecou os tipos de racionalidade que orientaram o surgimento da sociedade industrial. Ela questionou a fusão entre técnica e dominação, entre racionalidade e opressão, e analisou o conteúdo político da razão.

Para os pensadores alinhados a essa escola, a noção tradicional de neutralidade da tecnologia não pode ser sustentada; essa é uma ideia importante que tem implicações sobre a sociedade tecnológica em que vivemos.

Conforme essa teoria, a sociedade tecnológica seria um sistema de dominação que opera com base na elaboração de suas técnicas. A "máquina" transformou-se em instrumento político.

Para os envolvidos com o campo do design de sistemas e produtos digitais, o questionamento proposto pelos pensadores críticos deve ser considerado, já que a sua atuação está voltada para um desenvolvimento tecnológico centrado nas necessidades humanas (*human-centered design*).

Para os pensadores de Frankfurt, por exigência da automação da produção, o ser humano ficou sujeito ao aparato tecnológico e ao autoritarismo dos discursos gerenciais. Se, por um lado, a gerência científica e a divisão do trabalho aumentaram a produtividade, o mundo tendeu a tornar-se objeto de uma "administração total", que absorveu a todos em uma teia de racionalidade técnica e instrumental. Essa racionalidade invadiu até mesmo as nossas vidas pessoais.

Hoje, a aparente ausência de ideologias e o fim dos velhos mitos implicam a introdução de novos mitos. O objetivo agora seria a integração de todos em uma sociedade tecnocrática de consumo, dirigida de maneira a servir aos objetivos de uma camada social cuja aspiração é se tornar a classe dirigente: a tecnoburocracia.

Seus imperativos quase nunca são questionados no interior das organizações: procura-se fechar o debate político de acordo com questões técnicas que, de fato, são políticas. As organizações passaram a definir os rumos de toda a sociedade e a empresa transformou-se no lugar onde a razão instrumental e técnica triunfou.

O tipo de racionalidade que se contrapõe à racionalidade instrumental é a racionalidade substantiva. Em tese, os dois tipos de racionalidade deveriam ser complementares, mas a razão instrumental se apoderou de todo o conceito de racionalidade. A hegemonia desse tipo de razão deu-se, pouco a pouco, em toda parte e impôs o advento de uma sociedade programada em todas as esferas.

Nesse contexto, o gerenciamento emergiu como uma prática bastante aceita, que colocou as pessoas em uma situação de relacionamento visando à eficácia econômica.

Recentemente, estudos organizacionais inspirados nas ideias de Frankfurt têm originado novas linhas de pensamento e investigação no campo da administração. Diante de lógicas de gestão impregnadas pela racionalidade instrumental, é preciso nos lembrarmos sempre das questões fundamentais: o porquê, para quem e em nome de quem são realizadas as ações das empresas.

Assim, diversas questões emergiram e emergirão para a reflexão crítica, como os problemas sociais e os impactos ambientais do avanço da técnica. Essas questões mais amplas devem ser consideradas por designers e arquitetos de informação que trabalham no desenvolvimento de interfaces e de tecnologias orientadas para as necessidades humanas.

Ao deslocarmos o foco dos nossos projetos do sistema meramente técnico para o ser humano, podemos ter uma importante contribuição a oferecer à dinâmica de mudança das organizações e da sociedade, além do âmbito específico do projeto das interfaces entre o homem e a tecnologia.

Por isso, é importante que procuremos colocar sempre o ser humano (visto em suas necessidades globais) como ponto de partida e centro do estudo e do design na sua interação com a tecnologia. Os métodos de pesquisa de UX, da arquitetura de informação e da ergonomia estão aí e podem auxiliar-nos nesse delicado processo.

casos para estudo

1. MINAS PRETAS CONQUISTAM SEU ESPAÇO NA UX

De acordo com a PNAD Contínua,[*] 55,9% da população brasileira se autodeclara preta ou parda. As mulheres negras representam uma parcela destacada da população, mas apresentam índices precários em termos financeiros, educacionais ou de saúde. Com base no Panorama UX,[**] estudo que investiga esse mercado de tecnologia no Brasil, podemos admitir que apenas perto de 20% dos profissionais de UX são negros e por volta de 42% são mulheres.

Karen Santos, 30 anos, paulistana, formou-se em design gráfico em 2015. Começou a se interessar por UX em uma parceria com a escola Mergo, e teve experiências profissionais na área em empresas como PicPay e Quinto Andar. Como resultado de sua busca de autoconhecimento e com apoio da psicoterapia, Karen passou a trabalhar a sua autoestima e se valorizar como uma mulher negra. Daí em diante, tomou a iniciativa de organizar um curso sobre UX para as mulheres negras, via formulário de inscrição na internet, cuja procura superou todas as expectativas. A iniciativa logo ocupou os auditórios do Nubank e da Nextel, em São Paulo, gerando enorme interesse de mulheres negras que queriam aprender sobre o tema. Os eventos foram batizados de UX para Minas Pretas (UXMP) e essa ideia evoluiu para workshops que foram replicados em outras partes do país, como Porto Alegre, Belo Horizonte e Recife.

---

[*] IBGE – PNAD Contínua - 1º trimestre 2022 (Tabela 6403 - População, por cor ou raça).

[**] Panorama UX é uma pesquisa realizada por Carolina Leslie, com apoio de Izabela de Fátima do Movimento UX e de Ana Coli na edição e revisão.

Mulheres da comunidade que foram absorvidas pelas empresas atuaram como voluntárias e apoiaram a criação de outros eventos, com muito acolhimento, buscando se reconhecer, compartilhando experiências e discutindo as dificuldades que encontraram no mercado de trabalho de tecnologia. As pioneiras ingressaram na carreira, viraram líderes, e são agora mentoras e professoras que se dedicam a repassar conhecimentos adquiridos com bolsas de estudo ou nas próprias empresas.

A UXMP se tornou uma startup e sua comunidade nas redes conta com mais de 2 mil mulheres, incluindo pretas, pardas e indígenas, mães, desempregadas, mulheres com deficiência e mulheres trans. Sua atuação tem impactado positivamente a realidade dessas mulheres e todas as conquistas são compartilhadas e celebradas, por menores que sejam. "As mulheres da nossa comunidade estão conseguindo se enxergar, se valorizar, se entender", sublinha Karen, uma das idealizadoras do projeto.

Ela elenca o tipo de dificuldade que as mulheres negras costumam enfrentar no mercado de UX: os departamentos responsáveis pela contratação inserem exigências e etapas adicionais ao processo seletivo quando se trata de candidatas negras. Além disso, a pretensão salarial que a candidata negra se impõe fica abaixo do mercado, por desconhecimento ou razões de autoestima. Como se não bastasse, as minas pretas frequentemente têm a sensação de não pertencimento ou não acolhimento pelo seu time, pois elas vieram da periferia, não estudaram em universidades famosas, não são fluentes em inglês, nunca viajaram ao exterior.

Depois de transformada em edtech (startup do nicho de educação e tecnologia), a UXMP recebeu, em 2021, o apoio da Black Founders Fund, iniciativa da Google que investe recursos financeiros em empresas lideradas por empreendedores negros e negras no Brasil, sem contrapartidas (Figura C.1). A UXMP é um negócio de impacto social cujo foco é conectar e capacitar mulheres negras para a área de tecnologia. O seu modelo prevê que empresas arquem com a sua capacitação e se comprometam a contratá-las. Elas contarão com o suporte da UXMP em mentoria, psicoterapia e apoio emocional.

Karen Santos observa que quem está criando e desenvolvendo produtos e serviços digitais não são pessoas negras, mas, a exemplo do iFood ou Uber, quem está na ponta sim. Ela tem pesquisado o fato de que a ausência de pessoas negras no design e no desenvolvimento dos sistemas pode vir a gerar consequências controvertidas na sociedade: por exemplo, há fluxos de cadastro onboard de instituições bancárias que não reconhecem tons de pele escuros, o que pode causar discriminações; há carros autônomos que não reconhecem pessoas negras, o que pode implicar acidentes.

Para Karen, a tecnologia, num conceito bem amplo, pode ser vista como um conjunto de técnicas. "Nós, as mulheres negras, sempre precisamos 'nos virar nos trinta' para sobreviver... Por isso, no meu ponto de vista, nós somos a própria essência da tecnologia!"

Iniciativas como a UXMP podem contribuir para a redução dos desequilíbrios e das injustiças estruturais da sociedade brasileira e reacendem a nossa esperança em um mundo melhor.

Figura C.1. *A comunidade das Minas Pretas divulga diversos recursos interessantes para quem está em transição de carreira para a área de UX.*

2. A TV A QUALQUER HORA, EM TODO LUGAR

Vamos apresentar aqui alguns aspectos do desenvolvimento do app GloboPlay, da Rede Globo. Para isso, entrevistei o ex-gerente de UX e produtos da Globo, Guilhermo Reis. Com 47 anos, ele é paulistano e se formou em engenharia elétrica pela USP. Tem mestrado em ciência da informação e já pesquisou muito sobre o tema da arquitetura de informação. Ele exibe um longo percurso em UX, com passagem por empresas como Banco Real, Try e Catho, sendo atualmente gerente de UX na Claro tv+. Foi um dos idealizadores dos lendários encontros brasileiros de arquitetura de informação.

O GloboPlay foi lançado com o objetivo de levar a ubiquidade para a TV, ou seja, ser "a Globo a qualquer hora, em todo lugar". O aplicativo facilitou assistir ao Jornal Nacional (ou qualquer outro programa da rede) fora do horário tradicional. Habilitou o fluxo do sinal de TV ao vivo no celular e na web, respeitando a programação e a entrada de publicidade local.

O app GloboPlay oferece amostras gratuitas de todos os programas, mas as íntegras de novelas, filmes e séries destinam-se com exclusividade aos assinantes (Figura C.2). Outro pilar do aplicativo é a disponibilização do acervo de programas antigos, como telenovelas. Há ainda uma camada social que possibilita curtir, comentar e compartilhar os vídeos da Globo.

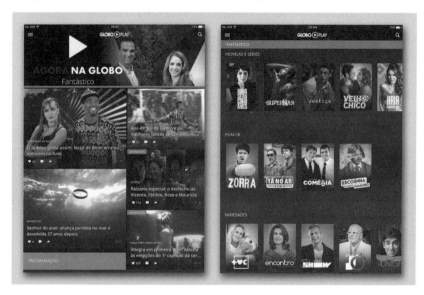

Figura C.2. *Telas do aplicativo móvel GloboPlay.*

O app tem a finalidade de promover a experiência multidevice, ou seja, você começa a sua experiência no tablet e pode continuá-la na TV, na web e daí por diante. O site é responsivo para atender desktop e celular. Há versões do aplicativo específicas para smartphones, tablets, smart TV e set-top boxes; cada um deles vem com a sua interface otimizada para o comportamento específico dos seus usuários.

O portal Globo.com é o parceiro tecnológico. A equipe de Guilhermo, formada por UX designers e analistas, gerenciou o produto e o front-end para TV conectada, tablet, smartphones e outros dispositivos móveis. O desenvolvimento para iOS, Android e web contou com um grande time de profissionais que trabalharam com métodos ágeis. A interface para smart TVs foi desenvolvida pela empresa parceira Accedo.

Estudos de usabilidade foram empregados logo no início do projeto pela agência Fjord, da Accenture, que desenvolveu o protótipo para celular. Mais tarde, a Lumens realizou testes de usabilidade e pesquisas com personas. A equipe da Globo.com também produziu diversas pesquisas e testes em seu laboratório de usabilidade muitíssimo bem equipado.

Na documentação técnica do projeto, Guilhermo e sua equipe trabalharam com wireframes no Axure, usando layouts produzidos com a ajuda do Adobe Photoshop e do Sketch, e sitegramas para demonstrar fluxos de navegação mais complexos. Protótipos navegáveis da interface para smart TVs foram simulados em vídeo no After Effects ou em animação no PowerPoint para demonstrar a transição de telas.

O Globoplay conta hoje com versões para Apple TV e Android TV; novos dispositivos estão sempre na mira. Isso porque a Globo sofre a concorrência de aplicativos como Youtube, Netflix, HBO Max, Disney, além das redes sociais, que estão valorizando intensamente os vídeos.

Mais recentemente, o GloboPlay operou um importante reposicionamento diante da concorrência: deixou de ser um simples app da Globo para se tornar uma empresa do grupo, incorporando ainda séries e filmes internacionais, e mais conteúdos para maratonar. Ao bater de frente com a concorrência, novos desafios para suas interfaces e arquitetura de informação surgiram, com mudanças no seu projeto de navegação.

Por outro lado, o reposicionamento também trouxe o desafio de auxiliar os usuários a superar o chamado "paradoxo da escolha". Esse paradoxo diz respeito a como o crescimento assustador do universo de escolhas é capaz de se tornar um grande problema para nós. No caso das plataformas de streaming, pode até levar o usuário a desistir da atividade. Cabe agora ao arquiteto de informação ou UX designer auxiliarem com eficácia o espectador a escolher o seu filme ou série antes que a pipoca acabe...

Com esse objetivo, a empresa tem também efetuado investimentos no desenvolvimento de algoritmos de recomendação para gerar uma lista de sugestões de programas, com base no que o usuário consome, inclusive com APIs (interfaces de programação) que as conectam aos assuntos mais comentados do Twitter.

Guilhermo acredita que a entrada da inteligência artificial para ajudar a estruturar as categorias personalizadas de conteúdo das plataformas de vídeos sob demanda não vai aposentar os métodos tradicionais da arquitetura de informação, pois criar sistemas de rotulação, navegação, metadados e busca sempre será um desafio em pauta. Além disso, novos problemas de experiência do usuário têm sido criados pelos algoritmos de aprendizado de máquina!

3. DEGUSTANDO CAMARÕES E PROJETANDO PARA O MUNDO

A palavra "potiguar" significa "quem come camarão" na língua tupi, mas também define a pessoa que nasceu no Rio Grande do Norte. É o caso de Andrei Gurgel, 45 anos, que fez a sua graduação em sistemas de informação pela Universidade Potiguar em Natal. Andrei veio a aprender as primeiras noções de estética, tipografia e os conceitos essenciais da comunicação visual ao se associar ao estúdio do designer Marcelo Mariz. Mas foi em agências de publicidade muito criativas, como a paulistana 14Bits, que teve a oportunidade de desenvolver sites internacionais oficiais de franquias como 007 e a série Lost, e de games como Star Wars, entre outras marcas superconhecidas.

Ao procurar formação mais específica para se aprofundar no campo da experiência do usuário, Andrei encontrou o professor Santa Rosa na

UFRN e se integrou ao seu laboratório de pesquisa em usabilidade, no qual pôde se debruçar numa pesquisa que envolvia a aplicação de conhecimentos da neurociência para beneficiar idosos com AVC. A incorporação do método científico ao seu trabalho foi, para Andrei, uma forma de se libertar da pressão para "ser genial o tempo todo", imposta pela cultura das agências de propaganda. Segundo ele, o método científico significou "um grande alívio para toda uma geração de designers". Em 2016, Andrei lançou o seu canal de entrevistas no Youtube, o XLab, um espaço de projeção e conversas nas redes que lhe possibilitou contribuir ainda mais para o crescimento da área de UX.

Com experiência de vários anos no trabalho remoto, em 2017, Andrei entrou para o time designers UX/UI da Toptal, para auxiliar as empresas de todo o mundo a encontrar o seu caminho no mercado com a incorporação da pesquisa com usuários, a prototipagem e os testes. "Isso ainda é novidade, mesmo nos EUA, entre os pequenos empreendedores e as startups", diz ele.

A partir de 2020, Andrei passou a ser o responsável na Toptal – como diretor de design – pela montagem de times: ele seleciona profissionais de outros países e monta as equipes. Um project manager costuma ser incorporado a seus times tão logo se identifique do que o cliente precisa e do briefing elaborado pelo departamento de vendas.

Andrei costuma realizar três ou quatro reuniões diárias, com diferentes clientes, e procura identificar suas necessidades ou se demonstram crenças equivocadas. Os projetos são geralmente de UX e UI: desenvolver uma plataforma de e-commerce, por exemplo, sendo que a tendência atual é o nicho de colaboração e economia de compartilhamento, além da tendência relacionada a NFTs e criptomoedas. De modo geral, os clientes internacionais de Andrei estão em busca de profissionais que possam ajudá-los a modelar soluções provenientes do aprofundamento de uma ideia em estágio incipiente.

Para isso, Andrei opta por facilitar processos de cocriação, escutando clientes e stakeholders em workshops colaborativos que, segundo ele, funcionam muito melhor na forma remota. Essas sessões podem terminar com desafios para que cada participante desenvolva o seu protótipo de baixa fidelidade, numa dinâmica livremente inspirada na metodologia Design Sprint, da Google. As ideias são compartilhadas no dia seguinte, e então votadas na plataforma Mural em busca de um envolvimento dos stakeholders nessa fase inicial, já que, segundo Andrei, todos podem ser codesigners – todos que demonstram a inquietação de perceber contextos e resolver problemas complexos. Isso depende também da maturidade dos clientes; por isso, o seu papel é detectar as necessidades de tais clientes e educá-los quanto aos aspectos relacionados à experiência do usuário (UX).

Junto à Toptal, Andrei costuma atuar com diversos especialistas que ajudam os clientes a dar um salto qualitativo. "Se precisar entrar na área da programação, aciono o diretor de engenharia – ele vai sugerir profissionais de desenvolvimento. A Toptal funciona como consultoria, pois não é raro que os clientes procurem plataformas de free-lancers, sem critérios ou conhecimentos técnicos que facilitem identificar o melhor profissional." O processo seletivo da Toptal é extremamente rigoroso: de todos os candidatos que procuram a plataforma em todo o mundo, apenas cerca de 3% são selecionados (Figura C.3).

Entre as plataformas utilizadas por Andrei em seus projetos remotos na Toptal, podemos citar o Mural, o Zoom, o Google Meet, o Figma (um grande salto sobre o XD para o trabalho em colaboração e cocriação) e o Slack (para grupos de conversas).

Figura C.3. *Tela da plataforma Toptal. A empresa se propõe a conectar os 3% melhores talentos na área de UX/UI com o mercado internacional, orientando a formação dos times.*

4. PARADADOS E A EXPERIÊNCIA DO USUÁRIO NO CENSO

Prestar informações ao censo demográfico é dever de todo cidadão e o Estado depende disso para formular políticas públicas de saúde, economia, educação etc. O censo demográfico é uma das principais fontes de dados sobre o perfil e as condições de vida da população. É um estudo estatístico, realizado em diversos países, que monitora as características socioeconômicas das populações e é fundamental para o entendimento da economia e da sociedade.

Patricia Tavares, gerente de novas tecnologias do IBGE, tem estado às voltas com a experiência do usuário no preenchimento on-line de pesquisas populacionais, como é o caso do censo e da PNAD Contínua.

O seu estudo é voltado para os cidadãos que respondem por conta própria na web. É o método Cawi (autoentrevista assistida pela web), em que a coleta de dados é realizada sem o apoio de um recenseador. Ou seja, é o próprio cidadão quem lê e responde às perguntas. "Esse tipo de questionário on-line é complexo, possui muitas perguntas, críticas e saltos", observa Patricia. Então, como construir uma interface minimamente amigável?

No caso do preenchimento pelo próprio cidadão, é a interface gráfica que vai desempenhar o papel do recenseador e, portanto, ela deve ter tom profissional e ser, ao mesmo tempo, amigável para conversar com o informante.

O estudo de Patricia é focado em paradados, dados coletados durante a entrevista para identificar se o usuário, por exemplo, alterou a resposta, se foi para a próxima pergunta e voltou, ou se clicou no botão Ajuda. Paradados são os registros de movimentos e ações (como teclas digitadas, acionamento de botões ou cliques de mouse) durante o preenchimento dos questionários e podem servir de base para compreendermos o comportamento do usuário. Esse tipo de informação vai ajudar a detectar se a pessoa está tendo problemas durante o preenchimento do questionário. Os institutos de pesquisa de diversos países realizam a coleta de paradados: Alemanha, Canadá, Estados Unidos, Itália e Reino Unido, entre outros.

Segundo Patricia, há basicamente dois grandes tipos de paradados: os de dispositivo e os de navegação. No primeiro tipo, capturam-se informações como o modelo do dispositivo, a versão do navegador, coordenadas GPS, endereço IP. Os paradados de navegação envolvem registros da movimentação dentro do questionário, as teclas pressionadas, as mensagens de erro, tempo gasto por pergunta e tempo total para terminar a pesquisa etc.

"Podem indicar que a pessoa largou o preenchimento do questionário usando o Iphone e, horas depois, deu continuidade ao preenchimento utilizando o computador. Se você percebe que várias pessoas fazem isso, pode ser que o sistema não esteja otimizado para IOS. Se, numa determinada questão, houver muitos cliques no botão de Ajuda, o problema pode ser na redação dessa pergunta. Desse modo, é possível identificar problemas na experiência do usuário", explica ela.

Para comprovar suas hipóteses, Patricia construiu um protótipo de média fidelidade com a funcionalidade de captura de paradados. Isso tudo está sendo analisado por um roteiro de testes de usabilidade, no desktop e no mobile (Figura C.4).

Problemas de experiência do usuário durante o preenchimento dos questionários podem estar relacionados a conceitos, diz Patricia. Por exemplo: qual é o critério para definir quem é o "responsável pelo domicílio"? O pai, o mais idoso, a pessoa que fica o dia inteiro na casa, a pessoa que tem a maior renda? Alguns conceitos são muito específicos e a dificuldade do cidadão pode levar ao abandono do questionário.

Outro problema de UX pode ser um design de telas muito complexo, ou visualmente poluído, que acaba por gerar fadiga, aumentar o tempo de preenchimento ou até causar a interrupção. "Um design visual inadequado pode gerar vieses, assim como a inserção de dados errôneos", aponta ela.

O questionário deve oferecer uma boa acessibilidade, para que seja preenchido por todos, considerando a diversidade dos informantes. Há diversos grupos de cidadãos: pessoas que habitam as áreas rurais, jovens, pessoas idosas etc. Será que todos os públicos conseguirão preencher, por conta própria, o seu questionário? Será que pessoas que utilizam programas ledores de telas serão atendidas?

Patricia realizou entrevistas com stakeholders e buscou compreender o ponto de vista dos próprios recenseadores sobre os problemas ocorridos em campo. Dessa forma, definiu heurísticas que descrevem problemas específicos de UX para pesquisas estatísticas na web.

"Meu objetivo com o estudo foi provar que é possível utilizar os paradados de uma pesquisa para melhorar a experiência do usuário", explica Patricia. Segundo ela, não se deve esquecer de considerar ainda os aspectos éticos do rastreamento de paradados. "É importante dar total transparência e obter o consentimento do informante."

Patricia acredita que os achados do seu estudo poderão ser revertidos em melhoramentos para o censo demográfico e outras pesquisas, como a PNAD Contínua ou as pesquisas econômicas.

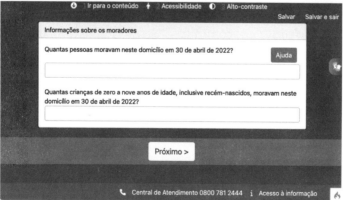

Figura C.4. *Protótipo de pesquisa censitária criado por Patricia Tavares para testes da experiência do usuário com o método do registro de paradados.*

5. O JORNALISMO PARA TABLETS

O aumento das possibilidades de atuação em rede e os dispositivos móveis vêm alterando o modo como produzimos, distribuímos e lemos notícias. As publicações jornalísticas têm migrado aceleradamente para o espaço da internet, e este é o caso das diversas revistas digitais.

Em todo o mundo, percebemos que as informações passaram a ser acessadas nos dispositivos móveis e nas redes sociais, em vídeos on-line. Tudo isso acompanha o abandono do consumo das mídias tradicionais (mais forte entre os mais jovens), principalmente depois da pandemia.

A indústria jornalística está em crise e a circulação dos grandes jornais impressos, em queda. Com base nas projeções sobre a queda da leitura diária de jornais, o autor norte-americano Philip Meyer chegou a prever que em 2043 não haverá mais diários impressos. E eu acredito que isto possa vir a acontecer mesmo antes disso (o que você acha?). As grandes empresas de mídia tentam se adaptar, estendendo o seu conteúdo a plataformas como os aplicativos para smartphones e tablets. O fato é que as práticas de leitura estão em intenso processo de mudança e o jornalismo também!

Diante dessas evidências de transformação, um grupo de alunos e eu procuramos descobrir como seria, na prática, para usuários leitores, a recepção das revistas para tablets. Para isso, escolhemos como estudo de caso a *Veja*, durante longo tempo a revista semanal de informação de maior circulação no Brasil e a primeira a adaptar o conteúdo de sua versão impressa para o mobile.

Bem, como o assunto era comunicação, resolvemos adotar o conceito de comunicabilidade para orientar a pesquisa. Comunicabilidade é uma das teorias que descrevem a qualidade dos sistemas interativos. Ela vem da engenharia semiótica e pode ser entendida como a capacidade de uma interface comunicar ao usuário a lógica do seu design. Ou seja, comunicar as intenções do designer e os seus princípios de interação. Quando o designer se expressa corretamente pela interface (comunicabilidade) e o usuário consegue compreender o sistema, fica muito mais fácil para o usuário aprender a utilizá-lo (usabilidade).

A avaliação da comunicabilidade foi feita por um método de observação* sistemática que utilizava um processo de etiquetagem baseado na semiótica (em que cada etiqueta sinaliza um tipo de ruptura na comunicação).

Para isso, entregamos aos usuários as seguintes tarefas:

> Na revista *Veja*, vá até a matéria de capa e acesse o infográfico que mostra o acidente do avião da Germanwings.

> Na matéria sobre adaptações de contos de fadas para o cinema, compare cenas do desenho *A bela e a fera*, da Disney, com a sua versão mais recente. Em seguida, envie a sua opinião sobre a matéria para a redação de *Veja*.

Como nos testes de usabilidade, os vídeos dessa observação foram gravados e depois revisados. Cada problema foi associado a uma das seguintes treze etiquetas: *Cadê?; E agora?; O que é isto?; Epa!; Onde estou?; Ué, o que houve?; Por que não funciona?; Assim não dá; Vai de outro jeito; Não, obrigado!; Pra mim está bom; Socorro!; e Desisto.*

Essas são as etiquetas que embasam o método de avaliação de comunicabilidade da engenharia semiótica. Cada etiqueta expressa uma reação do usuário às rupturas de comunicação. Essas etiquetas foram criadas pelo grupo da professora Clarisse de Souza, na PUC-Rio. A Tabela C.1 mostra exemplos dessa etiquetagem.

Na matéria sobre adaptações de contos de fadas para o cinema, compare cenas do desenho *A bela e a fera*, da Disney, com a sua versão mais recente. Em seguida, envie a sua opinião sobre a matéria para a redação de *Veja*.

---

* Agradeço a Alberto Santágueda o seu indispensável auxílio nessas observações

Tabela C.1. *Exemplos de etiquetagem na avaliação de comunicabilidade.*

Usuário	Etiqueta	Evento
o1	Cadê?	O usuário teve dificuldade em encontrar a matéria de capa dentro do índice da revista.
o3	E agora?	Após entrar na página da mensagem para *Veja*, o usuário tenta voltar para a revista mas fica preso porque não há botão para voltar.
o1	O que é isto?	O usuário encontra o infográfico mas não compreende a sua linguagem e não interage com ele.
o2	Epa!	O usuário abre de maneira não intencional uma demonstração de uso dentro do Guia de navegação (página de ajuda). Ele se atrapalha, mas consegue voltar à situação anterior.
o4	Onde estou?	O usuário perde a referência do seu contexto de uso e vai abrindo diversas funções do Android sem conseguir voltar à revista *Veja*.
o2	Ué, o que houve?	O usuário não tem consciência se conseguiu de fato compartilhar a matéria ou não.
o2	Por que não funciona?	Os botões são muito pequenos e não respondem adequadamente ao *touch*.
o3	Assim não dá	O usuário desiste de compartilhar a matéria de capa e decide escolher outra para compartilhar.
o2	Vai de outro jeito	Para sair da demonstração de uso do Guia de navegação, o usuário não sabe como retornar. Então, entra no índice estrutural do aplicativo, acessa uma matéria qualquer, em seguida acessa o índice estrutural de novo para voltar ao Guia de navegação em seu estado inicial (padrão).
o2	Não, obrigado	O usuário tenta (sem sucesso) alterar a orientação da tela para horizontal.
o1	Pra mim está bom	O usuário acredita ter acessado o infográfico, mas estava em outra página.
o2	Socorro!	O usuário recorre ao Guia de navegação para aprender a compartilhar uma matéria.
o3	Desisto	O usuário reconhece que não consegue encontrar um vídeo dentro da matéria sobre TV. Cinco outros usuários desistiram dessa mesma tarefa.

Daí em diante contabilizamos a quantidade de vezes em que cada tipo de ruptura aconteceu. Veja a Figura C.5

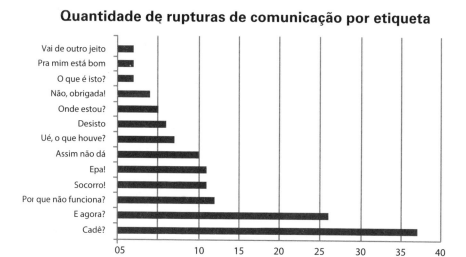

Figura C.5. *Total de rupturas na comunicação na Veja (por etiqueta).*

Depois dessa nossa pesquisa, chegamos a interessantes conclusões a respeito desse aplicativo (que segue muito de perto o modelo visual do impresso). Pode parecer algo positivo a princípio, mas o fato é que o visual tipo impresso causa muitos problemas (Figura C.6). Um dos participantes sugeriu até a *Veja* "deixar a estética de revista impressa e transformá-la em um aplicativo de verdade".

Outra coisa é que o leitor considera o compartilhamento de conteúdos ultranecessário. O leitor é hoje um *prosumer*, vai além de um simples consumidor de conteúdos. O compartilhamento nas mídias sociais é muito importante na dinâmica atual de interação com a informação. Mas a revista *Veja*, na ocasião desse teste, parecia ainda não ter se convencido disso. Ao perceber que não era possível compartilhar matérias livremente, um participante de nossas avaliações disse que ia fazer isso no portal de uma revista concorrente.

Figura C.6. *Em* Veja *para tablets, o índice diagramado como o impresso (à esquerda) é menos eficaz do que o sumário desenvolvido pela própria ferramenta (à direita) para encontrar as matérias.*

Na tabela de resultados, percebemos que a ruptura de comunicação que mais se destacou foi aquela representada pela etiqueta *Cadê?*. Essa etiqueta evidencia que o usuário está tendo dificuldades em identificar as *affordances* (propriedades percebidas que determinam o que pode ser feito num determinado ambiente), o que pode estar relacionado à preferência editorial da revista por mimetizar a sua versão impressa.

Vemos também que o aparecimento frequente da etiqueta *E agora?* revelou outro problema: o leitor certas horas fica sem saber o que fazer! Além disso, a numerosa incidência da etiqueta *Por que não funciona?* revela que o usuário pode perceber e compreender as respostas do sistema, mas nem sempre se conforma com os seus resultados. Isso pode ser o sinal de um *gap* entre o modelo do projeto e o modelo mental do usuário, com perda de fluidez no processo de leitura (Figura C.7).

Ao final dessa pesquisa ficamos com a certeza de que o design de interação e de UX pode contribuir, em muito, nas redações, na produção de revistas digitais para garantir experiências mais ricas e satisfatórias de leitura para esse novo leitor de notícias!

É importante enfatizar que as revistas digitais devem procurar romper com as limitações da metáfora do papel e utilizar mais as potencialidades do ciberespaço. A boa notícia é que isso já está começando a acontecer.

Figura C.7. *Para Donald Norman, o* modelo do design *é o modelo conceitual do designer. O* modelo do usuário *é o modelo mental desenvolvido por este pela interação com o sistema. A* imagem do sistema *(incluindo instruções e elementos da interface) precisa deixar bem claro o modelo do designer para o usuário, ou este acabará formando um modelo mental errado..*

6. EXPERIÊNCIAS QUE AS PESSOAS AMAM

A Huge é uma empresa de design com sede em Nova York e escritórios em todo o mundo. Faz parte do grupo global Interpublic, mas não se trata de uma agência de publicidade comum, focada em produção de campanhas ou em mídia. Ela é especializada em desenhar produtos e plataformas de negócios para a economia digital com foco central na experiência dos usuários. Já foram seus clientes, entre outros: HBO, Pepsi e Pizza Hut, nos EUA; Banco Itaú, Caixa, Bradesco e Estadão, no Brasil.

Na sua unidade em São Francisco, Califórnia, a Huge pôde contar com o talento do brasileiro, diretor de experiência, Sergio Salvador, de quem eu tive a honra de ser professor e que se formou na primeira turma da pós--graduação em Ergodesign e arquitetura de informação, na PUC-Rio. Sergio conversou comigo sobre como funciona a metodologia de design de UX que ele costuma utilizar e detalhou para você, leitor, todo o passo a passo.

Na visão de Salvador, o método empregado se assemelha ao processo de design centrado no usuário (Figura C.8). A experiência da Huge ensinou-lhe não somente que a investigação em profundidade é muitíssimo importante, mas que há um belo espaço para esse tipo de serviço ser desenvolvido e aplicado em diversas situações e contextos.

O início do processo de design se dá, segundo Sergio, com a etapa que ele chama de Imersão. Essa fase é preliminar e envolve realizar entrevistas com os *stakeholders* (as pessoas-chave) para definir quais são os objetivos e que problemas precisam ser solucionados. Deve também levantar as hipóteses do cliente sobre o comportamento dos seus usuários. Essa fase inclui pesquisar em relatórios científicos, literatura acadêmica e livros que abordem o tema. Também é realizado um *benchmarking* (pesquisa da atuação de concorrentes do mercado) e o que ele chamou de *beacons*, que é o estudo dos faróis sinalizadores de outras indústrias que podem ser aplicados na indústria do cliente. Costumam participar da etapa de Imersão pelo menos o líder estrategista e o líder de UX.

A segunda etapa do processo de desenvolvimento é a fase de Aprendizado. Esta pode incluir diferentes tipos de técnicas de pesquisa qualitativa e envolve necessariamente o usuário final. Seu objetivo é verificar se o que o cliente pensa sobre o usuário tem mesmo fundamento. É importante radiografar em detalhe as expectativas e o comportamento de interação do usuário. Para isso, mapeia-se a jornada do usuário e desenvolvem-se "personas" (personagens fictícios que representam os grupos de usuários).

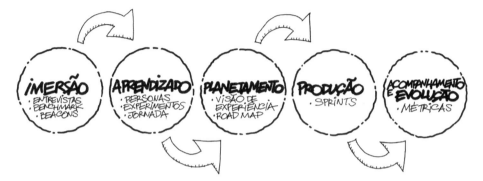

Figura C.8. *O método de trabalho de UX na visão do diretor de experiência Sérgio Salvador.*

O Aprendizado inclui experimentos, como testar protótipos de baixa fidelidade para colocar à prova as hipóteses estabelecidas na fase anterior: não há problema nenhum em descobrir que algumas hipóteses estavam erradas, pois o importante aqui é aprender com o usuário, e aprender rápido. Um documento final pode ser desenvolvido para consolidar essa fase, e a "cereja do bolo" é descrever a jornada do usuário, nada mais, nada menos que um grande mapa que ilustra os pontos de contato do consumidor com a marca e o seu comportamento de interação em cada um desses pontos.

A próxima fase do trabalho é o Planejamento. Nesse estágio, definem-se quais produtos e serviços serão criados para solucionar problemas dos usuários ou aproveitar novas oportunidades de mercado. O documento produzido e entregue ao cliente nessa fase é a chamada Visão de experiência, que traz as materializações da solução proposta e apresenta o conceito de design. Não é ainda o produto finalizado, mas, sim, uma direção geral do projeto, com a visão materializada de como serão as interfaces, os serviços, os processos, a fim de consolidar todo o aprendizado construído até esse ponto. Destaque para o Road map, um direcionamento estratégico que aponta aonde o cliente deverá chegar em cinco anos. Nessa etapa, a equipe desenvolve a construção de protótipos em movimento, que mostram o funcionamento das interfaces. Para isso, há duas abordagens: o Motion Prototype, um protótipo em vídeo, com pós-produção e trilha sonora, que simula a operação detalhada da interface, e o protótipo tradicional, feito em HTML ou construído com uma ferramenta de prototipagem, como Framer, Invision ou Principle.

A quarta fase é a Produção. Nesse caso, muda-se o perfil da equipe, pois o grupo que vai executar tudo o que foi planejado são os desenvolvedores. Nessa etapa, Salvador costuma trabalhar segundo o chamado modelo de desenvolvimento Ágil, que trabalha normalmente em *sprints*, períodos em que a equipe fica toda reunida e alocada ao mesmo tempo. A fase de produção envolve quatro perfis profissionais (*skills*): o desenvolvedor, o *user experience* (UX), o designer e o estrategista (que desempenha o papel de *product owner*).

A última etapa do trabalho é, segundo Sergio Salvador, o Acompanhamento e evolução: nessa parte, acompanha-se a evolução e o uso das interfaces lançadas no mercado, aplicando-se diversas métricas para colher dados de utilização e radiografar o comportamento dos usuários. Essas métricas podem ser uma escolha personalizada para cada cliente e vão além do tradicional número de visitas, *bounce rate* (taxa de rejeição), ou da taxa de conversão no funil de compras. Uma estratégia mais ampla pode ser medida com o NPS (Net Promoter Score), o número de compartilhamentos ou o aumento das menções positivas da marca nas redes sociais – e consequente diminuição das negativas.

Em geral, as empresas perseguem objetivos similares quando pensam em atuar na mídia digital: redução de custos, aumento de conversão e melhoria na percepção das marcas.

Ao percebermos a atenção à pesquisa de UX, o cuidadoso método aplicado e o foco no usuário empregados pela equipe de Salvador, compreendemos por que ela consegue obter tanto sucesso no projeto de produtos simples, porém fáceis de usar e de enorme engajamento (Figura C.9).

Não é à toa que seu mantra é "Criar experiências que as pessoas amem!"

Figura C.9. *Alguns sistemas memoráveis e fáceis de usar, desenvolvidos pela agência Huge para o mercado brasileiro.*

7. ARQUITETURA DE INFORMAÇÃO PARA A INTERAÇÃO POR VOZ

No momento em que desenvolve seus aplicativos – ou *skills* – para assistentes de voz, como a Alexa ou o Google Assistant, o Banco Itaú tem a sorte de contar com o talento ímpar da paulistana Janaína Pereira, 35 anos, uma das maiores especialistas em Voice User Interface (VUI) do nosso país. Formada em rádio/TV, em 2008, Janaína começou sua carreira fazendo rádio para web, partindo logo em seguida para a área de design de experiência do usuário para interfaces de voz. Nessa atividade, ela aprendeu tudo sobre a interação com os sistemas dotados de inteligência artificial – aqueles que reconhecem o que o usuário está falando.

Segundo Janaína, em termos gerais, as interfaces são o ponto de contato de um sistema com a pessoa interagente, sendo que podem ser "invisíveis", ou seja, materializadas sem o apoio de telas. Existem três tipos de interfaces que compõem as experiências audíveis projetáveis: a de tipo *voice only*, a *voice first* e a *voice added*. Vamos entender o que isso significa!

O tipo *voice only* (em inglês, somente voz) é quando você só tem o input de voz para trocar, como no assistente pessoal Alexa Eco Dot ou em uma conversa por telefone. Esta última pode ser exemplificada nas unidades de resposta audível (URA) dotadas de reconhecimento de voz. Além disso, temos o *voice first* (voz em primeiro lugar), quando a voz serve de base de interação para a experiência, sendo a tela apenas um apoio. O exemplo é uma *smartTV* que vem com "inteligência embarcada" de reconhecimento de voz.

O terceiro tipo de interação é o *voice added* (ou voz adicionada). Nesse caso, a voz torna-se o apoio já que existe uma experiência fundada com base na interface gráfica, embora, em certos momentos, o usuário compreenda ou execute sua tarefa melhor com a voz. É o caso do WhatsApp, quando abre a possibilidade de envio de um áudio diante da necessidade de mensagens extensas ou complexas.

Observe que, durante o desenvolvimento dos sistemas de voz – mesmo quando não há interface gráfica –, o processo tradicional de UX design e de arquitetura de informação é preservado. Inclusive em relação à sua fundamentação em pesquisas, como a aplicação de técnicas etnográficas e de testes com usuários.

Podem ser aplicados testes de usabilidade de baixa fidelidade – quando estes são realizados com duas pessoas, uma de costas para a outra, interagindo por fala. Uma das pessoas representa a interface de voz e recebe um cartão contendo o seu perfil e personalidade, além de um segundo cartão com as suas falas (representadas em um fluxo). O usuário, por sua vez, vai receber o cenário do teste. Por exemplo: "interagir com o sistema para comprar uma pizza e pagar com o cartão de crédito". Nesse caso, seria possível testar a estrutura do diálogo e por onde o usuário gostaria de começar (ou seja, verificaríamos a performance do fluxo da informação criado para as interações por voz).

Janaína citou também os testes de usabilidade de média fidelidade: a pessoa vai interagir com uma simulação do sistema, montada em cima de arquivos de áudio com a própria voz da interface. Esta pode ser a sintética do Google ou da Alexa, ou uma voz gravada por uma locutora ou locutor. A pessoa de UX fica numa sala separada, equipada para dar o play manualmente nos áudios, e o usuário fica em outra sala, acompanhado do moderador do teste. Nos testes de média fidelidade, é possível avaliar a personalidade da interface e o *timing* da conversa.

Certo, diria você. Mas e o teste de alta fidelidade, como é praticado?

No caso de um teste de alta fidelidade, o usuário vai interagir com a versão final do sistema. O foco aqui é observar se todas as necessidades dos usuários e todos os estilos de diálogo estão devidamente contemplados nas respostas automatizadas, independentemente do jeito de formular as demandas. A interface precisa responder adequadamente, em diversas situações, e todas as frases possíveis do diálogo devem ter sido produzidas.

Para estabelecer o número de usuários que deverão compor a amostra de participantes dos testes, a designer afirma que nunca sentiu a necessidade de ultrapassar o chamado "número mágico" de cinco pessoas – tal qual aconselhado por Jakob Nielsen, no caso das pesquisas de guerrilha. (Nós já comentamos esse número um pouco antes, no Capítulo 18, "Analisando tarefas e testando interfaces", lembra?) Para ela, é fundamental envolver o usuário desde o início do processo, buscando inspiração na abordagem do design participativo, pois diz respeito a um tipo de interação ao qual ainda não estamos completamente acostumados – principalmente quando absorve os avanços da inteligência artificial.

Existem muitas questões sociais envolvidas uma vez que, em nosso país marcado por intensas desigualdades, não são todos que têm acesso a um assistente de voz. É importante basear-se num adequado trabalho de estudos de campo para o time compreender se, naquele contexto ou para aquele determinado perfil de usuário, cabe a interação por voz – seja uma URA, seja uma Alexa. Janaína costuma realizar a tabulação e a análise dos dados apresentados pela equipe de campo. Daí em diante, sua atividade torna-se superintensa, visando a definição de problemas, necessidades e a construção de personas.

Nossa entrevistada tem uma visão muito particular do método de trabalho proposto pelos autores Rosenfeld, Morville e Arango, os papas da arquitetura de informação, e o adaptou para aplicação no contexto da voz.

Segundo Janaína, quando se atua no sistema de organização, buscamos identificar e organizar os temas tratados, com o auxílio de pesquisas de card sorting. "Como as pessoas conectam os temas na conversa? Se eu estou ligando para pedir pizza, as bebidas também poderiam estar relacionadas? As formas de pagamento estariam conectadas a esse módulo ou seriam outra coisa?", pergunta-se. Tal qual na arquitetura de informação tradicional, o sistema de organização pensa, portanto, em que temas devem ser agrupados, ou seja, quais temas se relacionam entre si sob o ponto de vista do modelo mental do usuário. O nome para isso é "desenho de alto nível" (em inglês *high level design,* HLD).

O próximo sistema a ser construído é o sistema de navegação. Nesse caso, estamos falando do "projeto de nível detalhado" (em inglês, *detailed level design* ou DLD).

Com os temas conectados e agrupados, conforme o entendimento dos usuários, chegou a hora de começar a pensar em estabelecer fluxos de navegação. Na medida em que o diálogo segue com as informações que a pessoa traz, o fluxo será gerado. Portanto, essa etapa não é sobre pensar em menus, como nas interfaces tradicionais: as duas partes vão contribuir para o fluxo da conversação. É bastante diferenciada da navegação em uma interface gráfica: aqui precisamos definir o fluxograma do diálogo. Por exemplo: quando a pessoa acaba de pedir pizza, é natural que a interface de voz lhe proponha a escolha de uma bebida, pois essas duas ideias estão conectadas entre si e a essa etapa, como foi identificado na pesquisa do modelo mental do usuário.

"A nossa preocupação com as palavras é muito grande, pois elas representam o único recurso que temos para dialogar", comenta Janaína. "Por isso, na hora de estabelecer o sistema de rotulação, é fundamental dar especial atenção ao vocabulário controlado." Esse vocabulário é como um catálogo das palavras e expressões que estão no universo semântico dos usuários.

Se eu quero ter um diálogo, ele precisa utilizar palavras que os dois lados entendam, que tenham a mesma semântica. Você concorda?

Finalmente, é pelo sistema de busca que nós propomos uma "conversa aberta" com o usuário. Nessa conversa, podem ser feitas perguntas nas quais o usuário propõe seus temas de modo livre, sem que precisemos continuar em um caminho preestabelecido. A inteligência artificial chegou para contribuir para esse tipo de conversação. Para isso se desenrolar de modo pleno, o sistema ativa a sua capacidade técnica efetiva de resposta, por meio de um algoritmo.

Após essa maravilhosa aula sobre as interfaces de voz, a nossa gentil entrevistada, Janaína, nos deixou preciosas dicas de onde continuar buscando informações – em livros e em redes sociais – para matar a nossa curiosidade. Obrigado, Janaína!

Dicas:

- Livro do Sueliton Ribeiro: *VUI BR: Desenho conversacional* [eBook Kindle]. Publicação independente, 2020.
- Livro da Cathy Pearl: *Designing Voice User Interfaces: Principles of Conversational Experiences* [eBook Kindle]. **1** ed. Sebastopol: O'Reilly, 2016.
- Nas redes sociais: procure por "VUI BR".

referências

AGNER, Luiz. "Algumas considerações teóricas e práticas sobre arquitetura de informação". In: PINHEIRO, Lena Vânia Ribeiro; OLIVEIRA, Eloisa da Conceição Príncipe de (orgs.). *Múltiplas facetas da comunicação e divulgação científicas: transformações em cinco séculos*. Brasília: Ibict, 2012. 368 p.

_____. "Diálogo usuários-organizações na world wide web: avaliação ergonômica de interfaces humano-computador". In: MORAES, Anamaria de (org.). *Design e avaliação de interface*. Rio de Janeiro: Iuser, 2002. 147 p.

_____. "Heurísticas e usabilidade" [on-line]. Disponível em: www.slideshare.net. Acesso em: 3 jun. 2016.

_____. "Inovação e qualidade do design na educação on-line: uma contribuição à usabilidade pedagógica". Congresso Abed (Associação Brasileira de Educação a Distância), 2009.

_____. "Jornalismo para plataformas móveis: avaliação interdisciplinar de comunicabilidade de interfaces gestuais". In: Congresso Internacional de Design de Informação/CIDI, 7. *Anais...* Brasília: Sociedade Brasileira de Design da Informação, 2015b. CD-ROM.

_____. "Otimização do diálogo usuários-organizações na world wide web: estudo de caso e avaliação ergonômica de usabilidade de interfaces humano-computador". Dissertação de mestrado – Departamento de Artes e Design. Rio de Janeiro: Pontifícia Universidade Católica do Rio de Janeiro (PUC-Rio), 2002.

_____. "Pesquisa ergonômica para o sucesso do web design". In: I Ergodesign – Congresso Internacional de Ergonomia e Usabilidade de Interfaces Humano-Tecnologia. *Anais...* Rio de Janeiro: Pontifícia Universidade Católica do Rio de Janeiro (PUC-Rio), 2001.

AGNER, Luiz; MORAES, Anamaria de (Orientador). "Arquitetura de informação e governo eletrônico: diálogo cidadãos-estado na world wide web – Estudo de caso e avaliação ergonômica de usabilidade de interfaces humano-computador". Tese de doutorado – Departamento de Artes e Design. Rio de Janeiro: Pontifícia Universidade Católica do Rio de Janeiro (PUC-Rio), 2007. 354 p.

AGNER, Luiz; MORAES, Anamaria de. "Design centrado no usuário e diálogo clientes-organizações através de interfaces na web". *Boletim técnico do Senac*, Rio de Janeiro, v. 28, n. 1, jan./abr. 2002.

_____. "How Brazilian web sites fail". In: HCII 2001 International Conference on Human-Computer Interaction, 9. *Poster Session Proceedings*. Nova Orleans: Lawrence Erlbaum and Associates, 2001. p. 13.

_____. "Navegação e arquitetura de informação na web: a perspectiva do usuário". *Boletim técnico do Senac*, Rio de Janeiro, v. 29, n. 1, jan./abr., 2003.

AGNER, Luiz; SILVA, Fabio Luiz. "Uma introdução à disciplina de arquitetura de informação: conceitos e discussões". *Anais do 2º Congresso Internacional de Pesquisa em Design*. Rio de Janeiro: Associação Nacional de Pós-Graduação e Pesquisa em Educação (Anped), out. 2003.

AGNER, Luiz et al. "Evaluating interaction design in Brazilian tablet journalism: gestural interfaces and affordance communicability". In: International Conference On Human- Computer Interaction, 17. *Proceedings...* Los Angeles: Springer International Publishing Switzerland, 2015a. p. 1-10. CD-ROM.

AGNER, Luiz; TAVARES, Patricia; FERREIRA, Simone Bacellar Leal. "Computer assisted data collection: Ethnographic observation to support usability evaluation and design". In: FADEL, Luciane Maria; SPINILLO, Carla Galvão; MOURA, Mônica; TRISKA, Ricardo (Eds.). *Selected Readings of the 5th Information Design International Conference* 2011 Florianópolis: Sociedade Brasileira de Design da Informação (SBDI), 2013. 340 p.

_____. "Scenario and task based interview to evaluate usability of computer assisted data collection. design, user experience, and usability. theory, methods, tools and practice". Series Lecture notes in computer science, v. 6770, pp 349-358. First International Conference, DUXU 2011, Held as Part of HCI International 2011, Orlando, FL, USA, 9-14 jul, 2011, *Proceedings*, Part II. Springer Berlin Heidelberg. ISSN 0302-9743.

AGNER, L., Necyk, B., Renzi, A.: Recommendation Systems and Machine Learning: Mapping the User Experience. In: Marcus A., Rosenzweig E. (eds.), Design, User Experience, and Usability. *Design for Contemporary Interactive Environments. HCII 2020. Lecture Notes in Computer Science*, vol. 12201. Springer, Cham (2020). doi:10.1007/978-3-030-49760-6_1

AMSTEL, Fred. Entrevista concedida ao autor. Realizada em: 26 mai. 2016.

ANDERSON, Chris. *A cauda longa: do mercado de massa para o mercado de nicho*. Rio de Janeiro: Campus, 2006. 256 p.

ARANGO, Jorge. For everybody [on-line]. Acesso em: 29 dez. 2015. Disponível em: http://jarango.com

BARBOSA, Simone; SILVA, Bruno. *Interação humano-computador*. Rio de Janeiro: Elsevier, 2010. 408 p.

BLOG DE AI. Disponível em: http://arquiteturadeinformacao.com/. Acesso em: 3 jul. 2016.

BRASIL. egov. Cartilha de redação web. Disponível em: http://www.governoeletronico.gov.br/eixos-de-atuacao/gestao/epwg-padroes-web--em-governo-eletronico/cartilha-de-redacao-web. Acesso em: 27 abr. 2016.

BUDIU, R.: Can Users Control and Understand a UI Driven by Machine Learning? Nielsen Norman Group, (2018). https://www.nngroup.com/articles/machine-learning-ux/, accessed 02 Jan 2020.

BURKE, Jason; KIRK, Andrea. "Choosing human-computer interaction (hci) appropriate research methods". Ethnographic Methods. EUA: Universidade de Maryland, 2001. Disponível em: http://otal.umd.edu/hci-rm/ethno.html

CAMARGO, Liriane S. A.; VIDOTTI, Silvana A. B. G. *Arquitetura de informação: uma abordagem prática para o tratamento de conteúdo e interface em ambientes informacionais digitais*. Rio de Janeiro: LTC, 2011. 232 p.

CHAHIN, A. et al. *E-gov.br: a próxima revolução brasileira*. São Paulo: Prentice Hall, 2004. 380 p.

CHAMMAS, Adriana; OLIVEIRA, Jhonnata; QUARESMA, Manuela. "A abordagem ágil e a experiência do usuário", p. 1210-1221. In: *Anais do 15º Ergodesign & USIHC [Blucher Design Proceedings*, vol. 2, num. 1]. São Paulo: Blucher, 2015.

CHAMMAS, Adriana; QUARESMA, Manuela; MONT'ALVÃO, Claudia. "Um enfoque ergonômico sobre a metodologia de design de interfaces digitais para dispositivos móveis". Arcos Design Rio de Janeiro: PPD ESDI – Universidade do Estado do Rio de Janeiro (Uerj), v. 7, n. 2, dez 2013. pp. 145-171. Disponível em: http://www.e-publicacoes.uerj.br/index.php/arcosdesign

CORDEIRO, Raquel. "O design de notícias para tablet e o novo papel do designer". Dissertação de mestrado em design – Escola Superior de Desenho Industrial (Esdi). Rio de Janeiro: Universidade do Estado do Rio de Janeiro (Uerj), 2014. 99 p.

COVERT, Abby. *How to make sense of any mess: information architecture for everybody*. Createspace, 2014. 176 p.

CRAMER, Henriette; Kim, Juho, Confronting the Tensions Where UX Meets AI; Introducing a New ACM Interactions Forum. *ACM Interactions 26(6), 69–71, Nov-Dec 2019*.

DE SOUZA, Clarisse S. *The semiotic engineering of human-computer interaction*. Cambridge: MIT Press, 2005. 312 p.

DERTOUZOS, Michael. *The unfinished revolution: human-centered computers and what they can do for us*. Nova York: HarperCollins Publishers, 2001. 224 p.

DIJCK, Peter. *Information architecture for designers: structuring websites for business success*. Mies: Rotovision, 2003. 160 p.

DUMAS, Joseph S.; REDISH, Janice C. *A practical guide to usability testing*. UK: Intellect, 1994. 416 p.

ERICKSON, T. D. Creativity and design. In: LAUREL, Brenda, editor. *The art of human-computer interface design*. Addison-Wesley Publishing & Apple Computer Inc., 1990. 534 p.

European Commission's High-Level Expert Group on Artificial Intelligence. Ethics Guidelines for Trustworthy AI. (2019) https://ec.europa.eu/digital-single-market/en/news/ethics-guidelines-trustworthy-ai, accessed 09 Oct 2020.

FILATRO, Andréa. *Design instrucional na prática*. São Paulo: Pearson, 2008. 192 pág.

FJELD, J., Achten, N., Hilligoss, H., Nagy, A., Srikumar, M.: *Principled Artificial Intelligence: Mapping Consensus in Ethical and Rights-Based Approaches to Principles for AI* (January 15, 2020). Berkman Klein Center Research Publication No. 2020-1, doi: 10.2139/ssrn.3518482, Available at SSRN: https://ssrn.com/abstract=3518482, accessed 09 Oct 2020.

FLEMING, Jennifer. *Web navigation: designing the user experience*. Sebastopol, EUA: O'Reilly Media, 1998. 256 p.

FOUNTAIN, Jane. *Building the virtual state: information technology and institutional change*. Washington, DC: Brookings Press, 2001. 251 p.

FREIRE, Marcelo. "Jornalismo de revista em tablets: um estudo dos aplicativos para iPad da revista Wired e Katachi". Universidade da Beira Interior. Covilhã: Ed. LabCom.IFP, 2016.

GARRET, Jesse J. *The elements of user experience*. Nova York: American Institute of Graphic Arts (AIGA), 2003. 189 p.

GOOGLE Analytics. Disponível em: https://www.google.com.br/analytics/ Acesso em: 3 jul. 2016.

GOTHELF, Jeff; SEIDEN, Josh. *Lean UX – Applying lean principles to improve user experience*. Sebastopol: O'Reilly, 2013. 130p.

HARLEY, A.: UX Guidelines for Recommended Content. https://www.nngroup. com/articles/recommendation-guidelines/, accessed 28 Nov 2019.

HECHLER, Eberhard, Oberhofer, Martin, Schaeck, Thomas: *Deploying AI in the Enterprise*: IT Approaches for Design, DevOps, Governance, Change Management, Blockchain, and Quantum Computing. 1st ed., Apress, Berkeley, CA (2020). doi: 10.1007/978-1-4842-6206-1

HENRIQUES, Cecília; IGNÁCIO, Elizete; PILAR, Denise. *UX Research com sotaque brasileiro*. 1. ed. Brasil: Publicação Independente, 2020.

HERLOCKER, J.L., Konstan, J.A., Riedl, J.: Explaining Collaborative Filtering Recommendations. *In Proc. of CSCW 2000.* ACM, New York, 2000, 241–250.

IBGE. PNAD Contínua TIC 2019: internet chega a 82,7% dos domicílios do país. Disponível em: https://censos.ibge.gov.br/2013-agencia-de--noticias/releases/30521-pnad-continua-tic-2019-internet-chega-a--82-7-dos-domicilios-do-pais.html. Acesso em: 4 jul. 2022.

IBGE. PNAD TIC. Internet já é acessível em 90,0% dos domicílios do país em 2021. Disponível em: https://agenciadenoticias.ibge.gov.br/agencia-noticias/2012-agencia-de-noticias/noticias/34954-internet-ja-e-acessivel-em-90-0-dos-domicilios-do-pais-em-2021. Acesso em 22 set. 2022.

JARDIM, José. M. *Transparência e opacidade do Estado no Brasil: usos e desusos da informação governamental.* Niterói, RJ: Ed. Universidade Federal Fluminense (UFF), 1999. 239 p.

JENKINS, Henry. *Cultura da convergência.* São Paulo: Aleph, 2008. 368 p.

KNAPP, Jake; ZERATSKY, John; KOWITZ, Braden. *Sprint: How to solve big problems and test new ideas in just five days.* UK: Ed. Simon & Schuster, 2016. 288 p.

KOTTER, John. *Liderando mudança.* São Paulo: Campus, 1999. 188 p.

KUKULSKA-HULME, A. & SHIELDS, L. (2004). "The keys to usability in e-learning websites. Networked Learning Conference. Lancaster" [on-line]. Disponível em: http://www.networkedlearningconference.org.uk/past/nlc2004/proceedings/individual_papers/kukulska_shield.htm. Acesso em: 11 mai. 2009.

KUNIAVSKY, Mike. *Observing the user experience: a practitioner's guide to user research.* São Francisco, CA: Morgan Kaufmann, 2003. 560 p.

LEMOS, André. "O que é cibercultura?" [vídeo on-line] Disponível em: https://youtu.be/hCFXsKeIsow. Acesso em: 27 abr. 2016.

LEMOS, André. "A comunicação das coisas: internet das coisas e teoria ator-rede – Etiquetas de radiofrequência em uniformes escolares na Bahia". In: PESSOA, Fernando (org.). Cyber Arte Cultura. *A trama das redes.* Seminários Internacionais Museu Vale, ES Museu Vale, Rio de Janeiro, 2013. 245 p. ISBN 978-85-99367-07-0, pp. 18-47.

LEULIER, Corinne; BASTIEN, Christian J. M.; SCAPIN, Dominique. "Commerce & interactions: compilation of ergonomic guidelines for the design and evolution of web sites". Roquencourt: Institut National de Recherche en Informatique et en Automatique, 1998. 88 p.

LÉVY, Pierre. *Cibercultura.* Rio de Janeiro: Ed. 34, 2000. 260 p.

LORANGER, Hoa. "Doing UX in an agile world: case studies findings". https://www.nngroup.com/articles/doing-ux-agile-world/ Acesso em: 13 mai. 2016.

LOVEJOY, J., Holbrook, J.: Human-Centered Machine Learning. https://medium.com/google-design/human-centered-machine-learning-a-770d10562cd, accessed 10 Dec 2019.

MACEDO, Flávia. "Arquitetura de informação: aspectos epistemológicos, científicos e práticos". Dissertação de mestrado – Departamento de Ciência da Informação e Documentação. Brasília: Universidade de Brasília (UnB), 2005.

MANDEL, Theo. *The elements of user interface.* Nova York: W. Computer; J. Wiley, 1997. 432 p.

MAYHEW, Deborah. *Principles and guidelines in software user interface design.* Nova Jersey: Prentice Hall, 1992. 610 p.

MAYHEW, Deborah J. & BIAS, Randolph. "Organizational inhibitors and facilitators". In:_____. *Cost-justifying usability.* San Diego, CA: Academic Press; M. Kaufmann, 1994, p. 287-318.

MELCHER, Christiane. "Proposta metodológica para avaliações otimizadas de usabilidade em websites desenvolvidos com um método ágil: um estudo de caso". Dissertação de mestrado. Rio de Janeiro: Pontifícia Universidade Católica do Rio de Janeiro (PUC-Rio), 2012.

MORAES, Anamaria (org.). *Design e avaliação de interfaces.* Rio de Janeiro: Iuser, 2002.

MORROGH, Earl. *Information architecture: an emerging 21st century profession.* Nova Jersey: Prentice Hall, 2003. 194 p.

MORVILLE, Peter. *Ambient findability.* Sebastopol (EUA): O'Reilly & Associates, 2005. 190 p.

MUIR, A.; SHIELD, L; KUKULSKA-HULME, A. "The pyramid of usability: a framework for quality course websites". In: EDEN ANNUAL CONFERENCE, 2003, Rhodes, Grécia. *Anais...* Rhodes, Grécia: EDEN - European Distance Education Network, 2003. p. 188–194. Disponível em: <http://www.eden-online.org/node/463>. Acesso em: 9 jan. 2015.

MUNIZ, Maria Isabella de P. A. "Usabilidade pedagógica e design de interação: processos de comunicação e colaboração em ambientes virtuais de aprendizagem". Tese de doutorado – Departamento de Artes e Design. Rio de Janeiro: Pontifícia Universidade Católica do Rio de Janeiro (PUC-Rio), 2015. 282 p.

NEWMAN, Nic; LEVY, David A. L.; NIELSEN, Rasmus Kleis. "Reuters Institute Digital News Report 2015: Tracking The Future Of News". Oxford: Universidade de Oxford, 2015. 109 p. Disponível em: <http://www.digitalnewsreport.org>. Acesso em: 15 jun. 2015.

NIELSEN, Jakob. "Agile development projects and usability" [on-line]. Disponível em: https://www.nngroup.com/articles/agile-development-and-usability/. Acesso em: 3 mai. 2016.

_____. "Are users stupid?" Alertbox. [on-line]. Acesso em: 9 mai. 2016. Disponível em: https://www.nngroup.com/articles/are-users-stupid/

_____. "Card sorting: how many users to test". Alertbox. Acesso em: jul. 2004.

_____. "Failure of corporative websites" [on-line]. Disponível em: http://www.nngroup.com/articles/failure-of-corporate-websites/ Acesso em: 9 mai. 2o16.

_____. "Ten usability heuristics for user interface design" [on-line]. Disponível em: www.nngroup.com/articles/ten-usability-heuristics. Acesso em: 3 jun. 2o16.

NIELSEN, J.: Mental Models. (2o1o). https://www.nngroup.com/articles/mental-models/, accessed 13 Oct 2o2o.

NIELSEN, Jakob; LORANGER, Hoa. *Usabilidade na web: projetando websites com qualidade*. Rio de Janeiro: Campus, 2oo7. 432 p.

NIELSEN, Jakob; TAHIR, Marie. *Homepage usability: 50 websites deconstructed*. Indianápolis. News Riders, 2oo1. 322 p.

NOKELAINEN, Petri. (2oo6). "An empirical assessment of pedagogical usability criteria for digital learning material with elementary school students". Educational Technology & Society, 9 (2), 178-197.

OLIVEIRA, Henry P. C.; VIDOTTI, Silvana; BENTES, Virginia. "Arquitetura de informação pervasiva" [recurso eletrônico]. 1. ed. São Paulo: Cultura Acadêmica, 2o15.

_____. "Arquitetura de informação pervasiva: contribuições conceituais". 2o14. 2o2f. Tese de doutorado em ciência da informação – Faculdade de Filosofia e Ciências. Marília: Universidade Estadual Paulista (Unesp), 2o14.

OPTIMAL WORKSHOP. "Discover how other people organize your content". Disponível em: https://www.optimalworkshop.com/optimalsort. Acesso em: 9 mai. 2o16.

PALACIOS, Marcos S.; CUNHA, Rodrigo do E. S. da. "A tactilidade em dispositivos móveis: primeiras reflexões e ensaio de tipologias". In: Contemporânea, v. 1o, n. 3, set-dez. 2o12. p. 668-685.

PAULINO, Rita. "Conteúdo digital interativo para tablets-iPad: uma forma híbrida de conteúdo digital". In: PAULINO, Rita; RODRIGUES, Vivian (org.). *Jornalismo para tablets: pesquisa e prática*. Florianópolis: Insular, 2013. 176 p.

PINE II, B. Joseph; GILMORE, James. *Welcome to the experience economy*. Massachusetts (EUA): Harvard Business Review, jul-ago. 1998.

PREECE, Jennifer; ROGERS, Yvonne; SHARP, Helen. *Design de interação: além da interação homem-computador*. Porto Alegre: Bookman, 2005. 548 p.

REIS, Guilhermo. "Centrando a arquitetura de informação no usuário". Dissertação de mestrado – Escola de Comunicações e Artes. São Paulo: Universidade de São Paulo (USP), 2007. 250 p.

REIS, Guilhermo. *Fundamentos de UX: conceitos e boas práticas*. [no prelo]. 1. ed. Brasil: Publicação Independente, 2022.

REISS, Eric. *Practical information architecture*. Londres: Pearson Education, 2000, 192 p.

RENZI, Adriano; FREITAS, Sydney. "Delphi method to explore future scenario possibilities on technology and HCI". 4th International Conference, DUXU 2015, Held as Part of HCI International 2015, Los Angeles, CA, USA, August 2-7, 2015, *Proceedings*, Part I, pp. 644-653.

RESMINI, Andrea; ROSATI, Luca. *Pervasive information architecture: designing cross-channel user experiences*. Burlington: Elsevier, 2011. 272 p.

RIES, Eric. *A startup enxuta – Como os empreendedores atuais utilizam a inovação...* Casa da Palavra-Leya, 2012. 224 p.

RODRIGUES, Bruno. *Webwriting: redação e informação na web*. São Paulo: Brasport, 2006.

ROHRER, Christian. "Desirability: definitions and research. Future practices user experience webinars". Palestra on-line. Disponível em: https://youtu.be/m9wZrQ6DxgY. Acesso em: 3 jul. 2016.

ROSENFELD, Louis; MORVILLE, Peter; ARANGO, Jorge. *Information architecture for the world wide web: for the web and beyond.* 4. ed. Sebastopol (EUA): O'Reilly, 2o15. 4oo p.

RUBIN, Jeff; CHISNELL, Dana. *Handbook of usability testing: how to plan, design and conduct effective tests.* 2. ed. Nova York: Wiley Publishing, Inc., 2oo8. 384 p.

SAFFER, Dan. *Designing gestural interfaces.* Sebastopol (EUA): O'Reilly, 2oo8. 268 p.

_____. http://www.kickerstudio.com/2oo8/12/the-disciplines-of-user-experience/

SANTA ROSA, José Guilherme; MORAES, Anamaria. *Avaliação e projeto no design de interfaces.* Teresópolis, RJ. 2AB, 2oo8.

SANTAGUEDA, Alberto; POGGI, Rafael; MENDONÇA, Tathiane. "Testes remotos de usabilidade". Trabalho acadêmico da disciplina Teste formal de usabilidade – prof. Luiz Agner, Pontifícia Universidade Católica do Rio de Janeiro (PUC-Rio). Disponível em: http://www.slideshare.net/agner/testes-remotos-de-usabilidade.

SANTOS, Diana Amado Baptista dos. Análise da arquitetura de informação do site do jornal O Dia. Orientador: Luiz Agner. 2o15. 113f. Trabalho de Conclusão de Curso (Especialização em Ergodesign de Interfaces: Usabilidade e Arquitetura de Informação) - Departamento de Artes & Design, Pontifícia Universidade Católica do Rio de Janeiro, Rio de Janeiro, 2o15.

SANTOS, Robson. "Usabilidade de interfaces e arquitetura de informação: alguns aspectos da organização de conteúdo para o meio digital". *Anais do XI Congresso da Brasileiro de Ergonomia, VI Congresso Latino Americano de Ergonomia.* Gramado: Abergo, 2oo1.

_____. "Usabilidade de interfaces para sistemas de recuperação de informação na web: estudo de caso de bibliotecas on-line de universidades federais brasileiras". Orientadora: Anamaria de Moraes. Tese de doutorado em artes e design. Rio de Janeiro: Pontifícia Universidade Católica do Rio de Janeiro (PUC-Rio), 2006. 347 p.

SCHAFFER, Eric. *Institutionalization of usability: a step-by-step guide.* Boston: Addison-Wesley Pearson, 2004. 280 p.

SHEDROFF, Nathan. "Information interaction design: an unified field theory of design". In: JACOBSON, Robert. Information design. Massachusetts: The MIT Press, 1999.

SHNEIDERMAN, Ben. *Designing the user interface: strategies for effective human-computer interaction.* 3. ed. Chicago: Addison Wesley; Nova York: Longman, 1998. 639 p.

_____. "Universal usability". Communications of the ACM. Mai. 2000, v. 43, n. 5. Association of Computing Machinery/ACM, 2000. p. 85-91.

_____. "The new politics: e-government". In: *Leonardo's laptop: human needs and the new computing technologies.* Cambridge, MA Massachusetts: Institute of Technology, MIT Press, 2002. 269 p.

SIEGEL, Alan. Siegel Vision. "Who are you?" [on-line] 1999. Disponível em: http://www.siegelvision.com/ Acesso em: abr. 2016.

SILVA, Marco. *Sala de aula interativa.* 2. ed. Rio de Janeiro: Quartet, 2001.

SPENCER, Donna. *Card sorting: designing usable categories.* Nova York: Rosenfeld Media, 2009. 162 p.

_____. "Card sorting: a definitive guide". [on-line] Disponível em: http://www.boxesandarrows.com. Acesso em: 9 mai. 2016.

SPENCER, Donna. "Four modes of seeking information and how to design for them" [on-line]. Disponível em: http://boxesandarrows.com/four-r-modes-of-seeking-information-and-how-to-design-for-them/. Acesso em: 22 abr. 2016.

TAVARES, Patricia. "Estudo de usabilidade para pdas utilizados em coleta de dados nas entrevistas pessoais para pesquisas domiciliares". Dissertação de mestrado – Departamento de Informática Aplicada, Rio de Janeiro: Universidade Federal do Estado do Rio de Janeiro (UNIRIO). 220 p.

TAVARES, Patricia Z.; AGNER, Luiz; FERREIRA, Simone Bacellar L. "Censo demográfico e paradados: em busca da melhor experiência para o usuário". *Revista Estudos em Design (online)*, Rio de Janeiro, RJ, Brasil, vol. 29, no. 3, pp. 87–101 (2021), ISSN Eletrônico: 1983–196X. Acesso: 14 jul. 2022. Disponível em: https://estudosemdesign.emnuvens.com.br/design/article/view/1275

TAVARES, Patricia; AGNER, Luiz; FERREIRA, Simone B. L. "Observações etnográficas na avaliação da usabilidade de dispositivos móveis de coleta de dados estatísticos". Interaction South América 2010: *Anais do II Congresso Internacional de Design de Interação*: Érico Fileno, Ricardo Couto, Robson Santos (org.). Curitiba: Interaction Design Association, 2010.

TEIXEIRA, Eduardo Ariel. S. *Design de interação*. Rio de Janeiro: Grupo 5W, 2014. v. 1. 208 p.

TEIXEIRA, Fabricio. *Introdução e boas práticas em UX Design*. São Paulo: Casa do Código, 2015. 272 p.

TOFFLER, Alvin. *A terceira onda*. Rio de Janeiro: Nova Record, 1995. 491 p.

TREDER, Marcin. "UX design for startups". UXPin, 2013. Disponível em: www.uxpin.com.

VAN DIJK, Geke. "Design etnográfico: em busca da inspiração na vida cotidiana". In: Stickdorn, M.; Schneider, J (org.). Isto é design thinking de serviços. Porto Alegre: Bookman, 2014. 380 p.

WHITAKER, L. "Human navigation". In: FORSYTHE, Chris; GROSE, Eric; RATNER, Julie (orgs.). *Human factors and web development*. Mahwah, Nova Jersey: L. Eribaum Associates, 1998. pp. 63-71.

WODKTE, Christina. *Information architecture: blueprints for the web*. São Francisco: New Riders, 2002. 368 p.

WURMAN, R. S. *Ansiedade de informação 2*. São Paulo: Cultura Editores Associados, 2005. 328 p.

ZILSE, Renata. "Análise ergonômica do trabalho dos desenvolvedores versus o modelo mental dos usuários, tendo como foco a arquitetura da informação de websites". Rio de Janeiro, 2004. Dissertação de mestrado – Departamento de Artes e Design. Rio de Janeiro: Pontifícia Universidade Católica do Rio de Janeiro (PUC-Rio).

A Editora Senac Rio publica livros nas áreas de Beleza
e Estética, Ciências Humanas, Comunicação e Artes,
Desenvolvimento Social, Design e Arquitetura, Educação,
Gastronomia e Enologia, Gestão e Negócios, Informática,
Meio Ambiente, Moda, Saúde, Turismo e Hotelaria.

Visite o site www.rj.senac.br/editora, escolha os títulos de sua
preferência e boa leitura.

Fique atento aos nossos próximos lançamentos!

À venda nas melhores livrarias do país.

Editora Senac Rio

Tel.: (21) 2545-4819 (Comercial)
comercial.editora@rj.senac.br

Fale com a gente: (21) 4002-2101

Este livro foi composto nas tipografias Scala Pro, Scala Sans e Pill Gothic e
impresso pela Imos Gráfica e Editora Ltda., em papel *offset* 90 g/m², para a
Editora Senac Rio, em novembro de 2022.